Édition bilingue
ESPAGNOL-FRANÇAIS
avec lecture audio intégrée

Pour écouter la lecture de ce livre
dans sa version espagnole ou dans sa traduction française
scannez le code en début de chapitre avec :
votre téléphone portable, votre tablette,
ou bien votre webcam depuis le site https://webqr.com

Nouvelle
Littérature espagnole

Titre original :
La señora Cornélia

Traduction française :
Saint-Martin de Chassonville

Lecture en espagnol :
Tomás Uribe Xifra

Lecture en français :
Alexandre Penigaut

ISBN : 978-2-37808-037-2
© L'Accolade Éditions, 2018

MIGUEL DE CERVANTES SAAVEDRA

Cornélia

Don Antonio de Isunza y don Juan de Gamboa, caballeros principales, de una edad misma, muy discretos y grandes amigos, siendo estudiantes en Salamanca, determináron de dejar sus estudios por irse á Flándes, llevados del hervor de la sangre moza y del deseo, como decirse suele, de ver mundo, y por parecerles que el ejercicio de las armas, aunque arma y dice bien á todos, principalmente asienta y dice mejor en los bien nacidos y de ilustre sangre.

Llegáron pues á Flándes á tiempo que estaban las cosas en paz, ó en conciertos, y tratos de tenerla presto. Recibiéron en Ambéres cartas de sus padres, donde les escribiéron el grande enojo que habian recebido, por haber dejado sus estudios sin avisárselo, para que hubieran venido con la comodidad que pedia el ser quien eran. Finalmente, conociendo la pesadumbre de sus padres, acordáron de volverse á España, pues no habia que hacer en Flándes; pero, antes de volverse, quisiéron ver todas las mas famosas ciudades de Italia;

Don Antonio de Isunza et Don Juan de Gamboa, gentilshommes de haute naissance, du même âge, sensés, spirituels, et amis intimes, se trouvaient ensemble étudiants à Salamanque. Mais emportés par le sang bouillant de la jeunesse, et, comme on dit, par le désir de voir du monde, ils résolurent de laisser là leurs études et de s'en aller en Flandre, parce qu'il leur semblait que l'exercice des armes, qui sied et convient à tous, sied mieux encore aux gens bien nés et d'illustre origine.

Ils arrivèrent donc en Flandre quand la paix était rétablie, ou du moins qu'on négociait pour l'obtenir bientôt. Ils reçurent à Anvers des lettres de leurs parents, qui leur mandaient le grand déplaisir qu'ils avaient éprouvé en apprenant l'abandon de leurs études, et leur reprochaient aussi de ne pas les en avoir informés, pour qu'ils eussent pu les faire voyager avec les commodités qu'exigeait leur naissance. Les deux jeunes gens, voyant le chagrin qu'ils causaient à leurs parents, se décidèrent à retourner en Espagne, puisqu'il n'y avait rien à faire en Flandre ; mais, avant de rentrer dans leur pays, ils voulurent voir les plus fameuses villes d'Italie,

y, habiéndolas visto todas, paráron en Bolonia, y, admirados de los estudios de aquella insigne universidad, quisiéron en ella proseguir los suyos. Diéron noticia de su intento á sus padres, de que se holgáron infinito, y lo mostráron con proveerles magníficamente, y de modo, que mostrasen en su tratamiento quienes eran, y que padres tenian: y, desde el primero día que saliéron á las escuelas, fuéron conocidos de todos por caballeros, galanes, discretos y bien criados.

Tendria don Antonio hasta veinte y cuatro años, y don Juan no pasaba de veinte y seis; y adornaban esta buena edad con ser muy gentiles hombres, músicos, poetas, diestros y valientes; partes que los hacian amables y bien queridos de cuantos los comunicaban.

Tuviéron luego muchos amigos asi estudiantes Españoles, de los muchos que en aquella universidad cursaban, como de los mismos de la ciudad, y de los extrangeros: mostrábanse con todos liberales, y comedidos, y muy agenos de la arrogancia que dicen que suelen tener los Españoles; y, como eran mozos y alegres, no se disgustaban de tener noticia de las hermosas de la ciudad; y, aunque habia muchas señoras doncellas, y casadas con gran fama de ser honestas y hermosas, á todas se aventajaba la señora Cornélia Bentibolli, de la antigua y generosa familia de los Bentibollis, que un tiempo fuéron señores de Bolonia.

et quand ils les eurent toutes visitées, ils s'arrêtèrent à Bologne. Là, charmés des fortes études de cette insigne université, ils voulurent y terminer les leurs. Ils donnèrent avis de ce dessein à leurs parents, qui s'en réjouirent beaucoup, et témoignèrent leur approbation en les pourvoyant avec magnificence, afin qu'ils montrassent dans leur train de vie ce qu'ils étaient, et de quels parents ils étaient nés. Dès le premier jour qu'ils parurent aux écoles, ils furent unanimement reconnus pour gentilshommes, galants, spirituels, et bien élevés.

Don Antonio atteignait l'âge de vingt-quatre ans, et Don Juan n'en avait pas plus de vingt-six. Ils ornaient encore cet âge heureux par leur bonne mine, par leurs talents de musiciens et de poètes, par leur adresse et leur bravoure ; qualités qui les rendaient aimables et les faisaient chérir de tous ceux qui les fréquentaient.

Ils eurent bientôt une foule d'amis, non seulement parmi les étudiants espagnols qui suivent en grand nombre les cours de cette université[1], mais parmi ceux de la ville et des autres nations. Ils se montraient avec tous pleins de libéralité et de courtoisie, et bien éloignés de cette arrogance qu'on a coutume de reprocher aux Espagnols. Comme ils étaient jeunes et de bonne humeur, il ne leur déplaisait pas d'avoir connaissance des beautés de la ville ; et, bien qu'il y eût alors beaucoup de dames, filles ou mariées, en grande réputation de vertu et de beauté, l'une d'elles les surpassait toutes : c'était Cornélia Bentibolli, de l'antique et généreuse famille des Bentibolli, qui furent un temps seigneurs de Bologne.

---

1. Le cardinal Albornoz avait créé, à l'université de Bologne, un collège spécial pour les Espagnols, ses compatriotes.

Era Cornélia hermosísima en estremo, y estaba debajo de la guarda y amparo de Lorenzo Bentibolli, su hermano, honradísimo y valiente caballero, huérfanos de padre y madre: que, aunque los dejáron solos, los dejáron ricos y la riqueza es grande alivio de horfandad.

Era el recato de Cornélia tanto, y la solicitud de su hermano tanta en guardarla, que ni ella se dejaba ver ni su hermano consentia que la viesen. Esta fama traia deseosos a don Juan y a don Antonio de verla, aunque fuera en la iglesia; pero el trabajo que en ello pusiéron, fué en balde: y el deseo, por la imposibilidad, cuchillo de la esperanza, fué menguando; y asi con solo el amor de sus estudios y el entretenimiento de algunas honestas mocedades, pasaban una vida tan alegre como honrada: pocas veces salian de noche, y si salian, iban juntos, y bien armados.

Sucedió pues que, habiendo de salir una noche, dijo don Antonio á don Juan, que el se queria quedar á rezar ciertas devociones, que se fuese, que luego le seguiria.

—No hay paraque, dijo don Juan, que yo os aguardaré, y si no saliéremos esta noche, importa poco.

—No por vida vuestra, replicó don Antonio, salid á coger el aire, que yo seré luego con vos, si es que vais por donde solemos ir.

—Haced vuestro gusto, dijo don Juan, quedaos en buena hora, y si saliéredes, las mismas estaciones andaré esta noche que las pasadas.

Cornélia, merveilleusement belle, se trouvait sous la garde et la protection de Lorenzo Bentibolli, son frère, respectable et vaillant gentilhomme. Ils étaient orphelins de père et de mère ; mais leurs parents, en les laissant seuls, les avaient laissés riches, et la fortune est un grand soulagement à cette position.

La retraite où vivait Cornélia était si profonde, et son frère mettait tant de sollicitude à la garder, que ni l'une ne se laissait voir, ni l'autre ne permettait qu'on la vît. La réputation de beauté qu'avait Cornélia donnait grand désir aux deux amis de la voir, ne fût-ce qu'à l'église ; mais toute la peine qu'ils se donnèrent fut perdue, et leur désir s'en alla en diminuant par l'impossibilité qui détruit l'espérance. Ainsi donc, livrés à l'amour de leurs études et à quelques honnêtes amusements, ils passaient une vie aussi gaie qu'exemplaire. Ils sortaient peu la nuit, et s'ils sortaient, c'était ensemble et bien armés.

Or, il arriva que, devant sortir un soir, Don Antonio dit à Don Juan : « Je veux rester encore pour réciter certaines oraisons ; mais partez, et je vous suivrai bientôt.

— C'est inutile, répondit Don Juan, je vous attendrai ; et, si nous ne sortons pas cette nuit, qu'importe ?

— Non, par votre vie ! répliqua Don Antonio ; allez prendre l'air ; je vous rejoindrai bientôt, si vous passez par où nous avons coutume de passer ensemble.

— Allons, faites à votre goût, reprit Don Juan ; si vous sortez, je ferai cette nuit les mêmes stations que les nuits précédentes. »

Fuése don Juan y quedóse don Antonio.

Era la noche entre oscura, y la hora, las once; y, habiendo andado dos ó tres calles, y viéndose solo, y que no tenia con quien hablar, determinó volverse á casa, y poniéndolo en efecto, al pasar por una calle que tenia portales sustentados en mármoles, oyó que de una puerta le ceceaban. La escuridad de la noche, y la que causaban los portales, no le dejaban atinar al ceceo. Detúvose un poco, estuvo atento, y vio entreabrir una puerta: llegóse á ella, y oyó una voz baja que dijo:

«Sois por ventura Fabio?»

Don Juan, por si ó por no, respondió: «Sí.»

–Pues tomad, respondiéron de dentro, y ponedlo en cobro, y volved luego, que importa.

Alargó la mano don Juan, y topó un bulto, y queriéndolo tomar, vió que era menester las dos manos, y asi le hubo de asir con entrambas; y, apenas se le dejáron en ellas, cuando le cerráron la puerta, y él se halló cargado en la calle y sin saber de que.

Pero casi luego comenzó á llorar una criatura, al parecer recien nacida, a cuyo lloro quedó don Juan confuso y suspenso, sin saber que hacerse ni que corte dar en aquel caso; porque, en volver á llamar á la puerta, le pareció que podia correr peligro aquella cuya era la criatura, y en dejarla allí, la criatura misma;

Don Juan sortit en effet, et Don Antonio resta.

L'heure était avancée, et la nuit obscure. Lorsque Don Juan eut parcouru deux ou trois rues, se voyant seul et n'ayant personne à qui parler, il résolut de retourner à la maison. En effet, il rebroussa chemin ; mais, en passant dans une rue bordée de galeries en marbre, il entendit que, d'une porte, on l'appelait tout bas du bout des lèvres. L'obscurité de la nuit et l'ombre que projetaient les galeries ne lui laissaient point voir d'où venait cet appel. Il s'arrêta, prêta toute son attention, et vit entr'ouvrir une porte. Il s'en approcha, et entendit qu'on lui disait à voix basse :

« Êtes-vous Fabio, par hasard ? »

Don Juan, sans trop savoir pourquoi, répondit : « Oui.

— Eh bien, prenez, reprit-on du dedans ; mettez-le en sûreté, et revenez vite ; c'est important. »

Don Juan étendit le bras, rencontra un paquet, et quand il voulut le prendre, vit qu'il fallait y mettre les deux mains. Dès qu'on l'eut laissé dans les siennes, on ferma la porte, et il se trouva dans la rue, chargé, sans savoir de quoi.

Mais, presque aussitôt, un enfant nouveau-né se mit à vagir, et Don Juan, aux cris qu'il poussait, resta aussi embarrassé que surpris, sans savoir que faire, ni quel parti prendre dans une telle aventure ; car il lui semblait qu'à revenir frapper à la porte c'était mettre en péril la mère de l'enfant, et, à le laisser là, l'enfant lui-même.

pues el llevarla á su casa, no tenia en ella quien la remediase, ni él conocía en toda la ciudad persona adonde poder llevarla: pero, viendo que le habian dicho que la pusiese en cobro, y que volviese luego, determinó de traerla á su casa, y dejarla en poder de una ama que les servía, y volver luego á ver si era menester su favor en alguna cosa, puesto que bien habia visto que le habian tenido por otro, y que habia sido error darle á él la criatura.

Finalmente sin hacer mas discursos se vino á casa con ella á tiempo que ya don Antonio no estaba en ella: entróse en un aposento, y llamó al ama, descubrió la criatura, y vió que era la mas hermosa, que jamas hubiese visto: los paños en que venia envuelta, mostraban ser de ricos padres nacida, desenvolvióla el ama, y halláron que era varón.

—Menester es —dijo don Juan— dar de mamar a este niño, y ha de ser desta manera: que vos, ama, le habéis de quitar estas ricas mantillas y ponerle otras más humildes, y, sin decir que yo le he traído, la habéis de llevar en casa de una partera, que las tales siempre suelen dar recado y remedio a semejantes necesidades. Llevaréis dineros con que la dejéis satisfecha y daréisle los padres que quisiéredes, para encubrir la verdad de haberlo yo traído.

Respondió el ama que así lo haría, y don Juan, con la priesa que pudo, volvió a ver si le ceceaban otra vez;

D'une autre part, s'il l'emportait chez lui, il n'y avait personne qui pût en prendre soin, et dans toute la ville il ne connaissait pas davantage quelqu'un à qui le confier. Enfin, voyant qu'on lui avait dit de mettre l'enfant en sûreté, et de revenir aussitôt, il se décida à le porter à sa maison, et à le laisser au pouvoir d'une gouvernante qui le servait, puis à revenir voir si son aide était nécessaire en quelque chose, car il s'était bien aperçu qu'on l'avait pris pour un autre, et que c'était par erreur qu'on lui avait remis l'enfant.

Finalement, sans faire plus de réflexions, il l'emporta chez lui, et rentra lorsque Don Antonio venait de sortir. Arrivé dans son appartement, il appela la gouvernante, découvrit l'enfant, et reconnut que c'était le plus beau qu'il eût jamais vu. Les langes dans lesquels il était enveloppé témoignaient qu'il était né de parents riches, et la gouvernante, les ayant écartés, trouva que c'était un enfant mâle.

« Il faut, dit aussitôt Don Juan, donner à téter à cette petite créature ; voici comment nous allons faire : vous, gouvernante, vous lui ôterez ces riches enveloppes pour lui en mettre de plus humbles, et, sans dire que c'est moi qui vous l'ai remis, vous le porterez chez une sage-femme ; là, on trouve d'ordinaire des ressources contre semblables nécessités. Vous porterez de l'argent pour la satisfaire, et vous donnerez à l'enfant les parents qu'il vous plaira, afin de cacher la vérité et ne pas dire comment il m'est venu. »

La gouvernante répondit qu'elle allait obéir, et Don Juan retourna en toute hâte voir si on l'appellerait une seconde fois.

pero, un poco antes que llegase a la casa adonde le habían llamado, oyó gran ruido de espadas, como de mucha gente que se acuchillaba. Estuvo atento y no sintió palabra alguna; la herrería era a la sorda, y, a la luz de las centellas que las piedras heridas de las espadas levantaban, casi pudo ver que eran muchos los que a uno solo acometían, y confirmóse en esta verdad oyendo decir:

—¡Ah traidores, que sois muchos, y yo solo! Pero con todo eso no os ha de valer vuestra superchería.

Oyendo y viendo lo cual don Juan, llevado de su valeroso corazón, en dos brincos se puso al lado, y, metiendo mano a la espada y a un broquel que llevaba, dijo al que defendía, en lengua italiana, por no ser conocido por español:

—No temáis, que socorro os ha venido que no os faltará hasta perder la vida; menead los puños, que traidores pueden poco, aunque sean muchos.

A estas razones respondió uno de los contrarios:

—Mientes, que aquí no hay ningún traidor; que el querer cobrar la honra perdida, a toda demasía da licencia.

No le habló más palabras, porque no les daba lugar a ello la priesa que se daban a herirse los enemigos, que al parecer de don Juan debían de ser seis. Apretaron tanto a su compañero, que de dos estocadas que le dieron a un tiempo en los pechos dieron con él en tierra. Don Juan creyó que le habían muerto,

Mais un peu avant d'arriver à la maison où on l'avait appelé, il entendit un grand cliquetis d'épées, comme si plusieurs personnes étaient aux prises. Il prêta l'oreille, et n'entendit aucune parole ; le combat se livrait à la sourdine. Mais, à la lumière des étincelles que jetait le pavé frappé par les épées, il put entrevoir que plusieurs hommes en attaquaient un seul, ce qui fut confirmé lorsqu'il l'entendit s'écrier :

« Ah ! traîtres ! vous êtes plusieurs et je suis seul, mais cependant votre déloyauté ne vous servira de rien. »

À cette vue et à ces mots, Don Juan, emporté par son cœur généreux, mit l'épée à la main, embrassa un bouclier qu'il portait, se jeta en deux sauts aux côtés de celui qui se défendait, et lui dit en langue italienne, afin de n'être pas reconnu pour Espagnol :

« Ne craignez rien ; un secours vous arrive qui ne vous manquera qu'avec la vie ; jouez des mains, car les traîtres valent peu de chose, si nombreux qu'ils soient.

— Tu en as menti, répondit à ce propos un des adversaires ; il n'y a point de traîtres ici, et la volonté de recouvrer l'honneur perdu autorise toute espèce de violence. »

Il ne dit rien de plus, empêché par la hâte que se donnaient à frapper les ennemis, qui devaient être six, au compte de Don Juan. Ils serrèrent de si près son compagnon, qu'avec deux coups de pointe qu'ils lui portèrent à la fois, ils le jetèrent sur le carreau. Don Juan crut qu'ils l'avaient tué.

y, con ligereza y valor estraño, se puso delante de todos y los hizo arredrar a fuerza de una lluvia de cuchilladas y estocadas. Pero no fuera bastante su diligencia para ofender y defenderse, si no le ayudara la buena suerte con hacer que los vecinos de la calle sacasen lumbres a las ventanas y a grandes voces llamasen a la justicia: lo cual visto por los contrarios, dejaron la calle, y, a espaldas vueltas, se ausentaron.

Ya en esto, se había levantado el caído, porque las estocadas hallaron un peto como de diamante en que toparon. Habíasele caído a don Juan el sombrero en la refriega, y buscándole, halló otro que se puso acaso, sin mirar si era el suyo o no. El caído se llegó a él y le dijo:

—Señor caballero, quienquiera que seáis, yo confieso que os debo la vida que tengo, la cual, con lo que valgo y puedo, gastaré a vuestro servicio. Hacedme merced de decirme quién sois y vuestro nombre, para que yo sepa a quién tengo de mostrarme agradecido.

A lo cual respondió don Juan:

—No quiero ser descortés, ya que soy desinteresado. Por hacer, señor, lo que me pedís, y por daros gusto solamente, os digo que soy un caballero español y estudiante en esta ciudad; si el nombre os importara saberlo, os le dijera; mas, por si acaso os quisiéredes servir de mí en otra cosa, sabed que me llamo don Juan de Gamboa.

Il se précipita bravement au devant de tous, et les fit reculer sous une pluie de coups d'estoc et de taille. Mais toute sa célérité n'aurait pu suffire pour attaquer et défendre, si la fortune ne l'eût heureusement aidé en faisant mettre aux fenêtres avec des lumières les habitants de la rue, qui appelaient à grands cris la justice. Voyant cela, les ennemis quittèrent la rue et s'enfuirent à toutes jambes.

Sur ces entrefaites, l'homme abattu s'était relevé, car les épées avaient rencontré une cuirasse dure comme le diamant. Dans la mêlée, le chapeau de Don Juan était tombé, et, le cherchant, il en trouva un autre, qu'il se mit au hasard sur la tête, sans regarder si c'était ou non le sien. Le cavalier tombé s'approcha de lui :

« Seigneur gentilhomme, lui dit-il, qui que vous soyez, je confesse que je vous dois la vie, et je l'emploierai, en tout ce que je vaux et tout ce que je puis, à votre service. Faites-moi la grâce de me dire qui vous êtes, ainsi que votre nom, afin que je sache à qui je dois me montrer reconnaissant. »

À quoi répondit Don Juan :

— Je ne veux pas être discourtois, bien que j'aie agi sans intérêt. Pour faire, seigneur, ce que vous demandez, et pour vous complaire, je vous dirai seulement que je suis un gentilhomme espagnol, étudiant dans cette ville. S'il vous importait de savoir mon nom, je vous le dirais ; mais enfin si vous vouliez, par hasard, vous servir de moi en quelque autre chose, sachez que je m'appelle Don Juan de Gamboa.

—Mucha merced me habéis hecho —respondió el caído—; pero yo, señor don Juan de Gamboa, no quiero deciros quién soy ni mi nombre, porque he de gustar mucho de que lo sepáis de otro que de mí, y yo tendré cuidado de que os hagan sabidor dello.

Habíale preguntado primero don Juan si estaba herido, porque le había visto dar dos grandes estocadas, y habíale respondido que un famoso peto que traía puesto, después de Dios, le había defendido; pero que, con todo eso, sus enemigos le acabaran si él no se hallara a su lado.

En esto, vieron venir hacia ellos un bulto de gente, y don Juan dijo:

—Si éstos son los enemigos que vuelven, apercebíos, señor, y haced como quien sois.

—A lo que yo creo, no son enemigos, sino amigos los que aquí vienen.

Y así fue la verdad, porque los que llegaron, que fueron ocho hombres, rodearon al caído y hablaron con él pocas palabras, pero tan calladas y secretas que don Juan no las pudo oír. Volvió luego el defendido a don Juan y díjole:

—A no haber venido estos amigos, en ninguna manera, señor don Juan, os dejara hasta que acabárades de ponerme en salvo; pero ahora os suplico con todo encarecimiento que os vais y me dejéis, que me importa.

— Vous m'avez rendu un service signalé, répondit son interlocuteur ; mais pourtant, seigneur Don Juan de Gamboa, je ne veux pas vous dire qui je suis, ni mon nom seulement, car j'aurai un plaisir extrême à ce que vous l'appreniez d'un autre que de moi, et, j'aurai soin qu'on vous en instruise.

Don Juan lui avait demandé d'abord s'il était blessé, car il lui avait donner deux grands coups d'épée. « Non, avait répondu l'autre ; après Dieu, une bonne cuirasse que je portais m'a garanti ; mais, néanmoins, mes ennemis m'achevaient si je ne vous eusse trouvé à mes côtés. »

En ce moment, ils virent venir à eux une troupe d'hommes, et Don Juan s'écria :

« Si ce sont les ennemis qui reviennent, mettez-vous en garde, seigneur, et faites comme un homme de votre qualité.

— À ce que je crois, reprit l'autre, ce ne sont pas des ennemis, mais des amis, qui viennent à nous. »

C'était vrai, car ceux qui approchaient, et qui étaient au nombre de huit, entourèrent l'inconnu, et échangèrent avec lui quelques paroles, mais si bas et avec tant de mystère, que Don Juan ne put les entendre. Alors l'inconnu se tourna vers Don Juan, et lui dit :

« Si ces amis ne fussent venus, je ne vous aurais nullement quitté, seigneur Don Juan, avant que vous n'eussiez achevé de me mettre en lieu sûr ; mais, à présent, je vous supplie avec instance de vous retirer, et de me laisser ici ; j'y ai grand intérêt. »

Hablando esto, se tentó la cabeza y vio que estaba sin sombrero, y, volviéndose a los que habían venido, pidió que le diesen un sombrero, que se le había caído el suyo. Apenas lo hubo dicho, cuando don Juan le puso el que había hallado en la cabeza. Tentóle el caído y, volviéndosele a don Juan, dijo:

—Este sombrero no es mío; por vida del señor don Juan, que se le lleve por trofeo desta refriega; y guárdele, que creo que es conocido.

Diéronle otro sombrero al defendido, y don Juan, por cumplir lo que le había pedido, pasando otros algunos, aunque breves, comedimientos, le dejó sin saber quién era, y se vino a su casa, sin querer llegar a la puerta donde le habían dado la criatura, por parecerle que todo el barrio estaba despierto y alborotado con la pendencia.

Sucedió, pues, que, volviéndose a su posada, en la mitad del camino encontró con don Antonio de Isunza, su camarada; y, conociéndose, dijo don Antonio:

—Volved conmigo, don Juan, hasta aquí arriba, y en el camino os contaré un estraño cuento que me ha sucedido, que no le habréis oído tal en toda vuestra vida.

—Como esos cuentos os podré contar yo —respondió don Juan—; pero vamos donde queréis y contadme el vuestro.

Guió don Antonio y dijo:

En parlant ainsi, il porta la main à sa tête, et vit qu'il était sans chapeau. Se tournant alors vers ceux qui venaient de le rejoindre, il leur demanda un chapeau, disant que le sien était tombé. À peine eut-il achevé, que Don Juan lui remit celui qu'il avait trouvé dans la rue. L'inconnu le tâta, et le rendant aussitôt à Don Juan :

« Ce chapeau, dit-il, n'est pas à moi. Par votre vie ! seigneur Don Juan, emportez-le pour trophée de la bataille, et gardez-le bien ; je crois qu'il est connu. »

On lui donna un autre chapeau, et Don Juan, pour se rendre à son désir, après avoir échangé quelques compliments fort courts, le laissa, sans savoir qui il était, et revint à sa maison, sans vouloir s'approcher de la porte où on lui avait donné l'enfant nouveau-né, parce qu'il lui semblait que tout le quartier s'était ému et éveillé au bruit du combat.

Or, il arriva qu'en retournant à son logis, il rencontra son camarade Don Antonio de Isunza, et, dès qu'ils se furent reconnus, Don Antonio lui dit :

« Revenez avec moi, Don Juan, jusqu'au dessus de la rue, et je vous conterai en chemin une étrange aventure qui vient de m'arriver, telle que vous n'en aurez pas entendu raconter de semblable en toute votre vie.

— Je pourrai vous conter une histoire de la même espèce, répondit Don Juan ; mais allons où vous voulez, et contez-moi la vôtre. »

Don Antonio se mit en marche, et dit :

—«Habéis de saber que, poco más de una hora después que salistes de casa, salí a buscaros, y no treinta pasos de aquí vi venir, casi a encontrarme, un bulto negro de persona, que venía muy aguijando; y, llegándose cerca, conocí ser mujer en el hábito largo, la cual, con voz interrumpida de sollozos y de suspiros, me dijo:

»–¿Por ventura, señor, sois estranjero o de la ciudad?

»–*Estranjero soy y español*»,respondí yo. Y ella:

»–*Gracias al cielo, que no quiere que muera sin sacramentos.*

»–¿Venís herida, señora–repliqué yo–, o traéis algún mal de muerte?

»–*Podría ser que el que traigo lo fuese, si presto no se me da remedio; por la cortesía que siempre suele reinar en los de vuestra nación, os suplico, señor español, que me saquéis destas calles y me llevéis a vuestra posada con la mayor priesa que pudiéredes; que allá, si gustáredes dello, sabréis el mal que llevo y quién soy, aunque sea a costa de mi crédito.*

»Oyendo lo cual, pareciéndome que tenía necesidad de lo que pedía, sin replicarla más, la así de la mano y por calles desviadas la llevé a la posada. Abrióme Santisteban el paje, híçele que se retirase, y sin que él la viese la llevé a mi estancia, y ella en entrando se arrojó encima de mi lecho desmayada. Lleguéme a ella y descubríla el rostro,

« Il faut que vous sachiez qu'un peu plus d'une heure après que vous eûtes quitté la maison, je sortis pour vous chercher ; mais je n'avais pas fait trente pas, que je vis venir à moi une masse noire, une personne qui s'avançait en toute hâte, et, quand elle fut proche, je reconnus que c'était une femme enveloppée d'une longue robe à la religieuse. Elle me dit, d'une voix entrecoupée de soupirs et de sanglots :

» — Êtes-vous, seigneur, étranger ou de la ville ?

» — *Étranger et Espagnol*, répondis-je. Et elle :

» — *Grâces au Ciel ! il ne veut pas que je meure sans sacrement.*

» — Êtes-vous blessée, madame, répliquai-je, ou attaquée de quelque mal mortel ?

» — *Il pourrait se faire que celui que j'ai le fût en effet, reprit-elle, si l'on ne me secourt promptement. Par la courtoisie dont se piquent les gens de votre nation, je vous en supplie, seigneur Espagnol, tirez-moi de ces rues, et menez-moi à votre logis avec toute la célérité possible. Là, si vous le désirez, vous saurez le mal dont je souffre, et même qui je suis, fût-ce au prix de ma réputation.*

» Quand je l'entendis ainsi parler, reconnaissant qu'elle avait besoin de ce qu'elle demandait, sans répliquer davantage, je lui tendis la main, et gagnai notre logis par des rues détournées. Santisteban, le page, vint nous ouvrir ; je le fis retirer, et, sans qu'il la vît, je la conduisis dans ma chambre ; à peine entrée, elle se laissa tomber évanouie sur mon lit. Je m'approchai d'elle, et, lui découvrant le visage

que con el manto traía cubierto, y descubrí en él la mayor belleza que humanos ojos han visto; será a mi parecer de edad de diez y ocho años, antes menos que más. Quedé suspenso de ver tal estremo de belleza; acudí a echarle un poco de agua en el rostro, con que volvió en sí suspirando tiernamente, y lo primero que me dijo fue:

»–*¿Conocéisme, señor?*

»–No –respondí yo–, ni es bien que yo haya tenido ventura de haber conocido tanta hermosura.

»–*Desdichada de aquella –respondió ella– a quien se la da el cielo para mayor desgracia suya; pero, señor, no es tiempo éste de alabar hermosuras, sino de remediar desdichas. Por quien sois, que me dejéis aquí encerrada y no permitáis que ninguno me vea, y volved luego al mismo lugar que me topastes y mirad si riñe alguna gente, y no favorezcáis a ninguno de los que riñeren, sino poned paz, que cualquier daño de las partes ha de resultar en acrecentar el mío.*

»Déjola encerrada y vengo a poner en paz esta pendencia.»

–¿Tenéis más que decir, don Antonio? –preguntó don Juan.

–¿Pues no os parece que he dicho harto? –respondió don Antonio–. Pues he dicho que tengo debajo de llave y en mi aposento la mayor belleza que humanos ojos han visto.

qu'elle cachait sous sa mante, je découvris la plus merveilleuse beauté qu'yeux humains eussent jamais vue. Elle peut avoir, à ce que je crois, dix-huit ans, plutôt moins que plus. Je restai d'abord stupéfait à la vue d'une telle beauté ; enfin, je courus chercher un peu d'eau pour lui en jeter sur le visage. Elle revint à elle, en poussant un douloureux soupir, et la première chose qu'elle me dit fut :

» — *Me connaissez-vous, seigneur ?*

» — Non, lui répondis-je ; je n'ai pas eu le bonheur d'avoir connu tant de beauté.

» — *Ah ! malheureuse, reprit elle, celle à qui le Ciel en a fait le funeste présent ! Mais, seigneur, ce n'est pas le temps d'adresser des galanteries, c'est celui de secourir des infortunes. Par qui vous êtes, je vous supplie de me laisser enfermée ici, et de ne permettre à personne de me voir. Retournez bien vite à l'endroit où vous m'avez rencontrée, et voyez si quelques personnes se battent ; mais ne favorisez aucun de ceux qui seraient aux prises ; séparez-les, car quelque malheur qui arrive de l'un ou de l'autre côté, il ne ferait qu'accroître le mien.*

» Alors, je l'ai laissée sous clef, et je viens séparer ces combattants. »

— N'avez-vous plus rien à dire, Don Antonio ? demanda Don Juan.

— Vous semble-t-il que je n'en ai pas dit assez, répondit Don Antonio, puisque je vous ai dit que je tiens sous clef, et dans ma chambre, la plus merveilleuse beauté qu'yeux humains eussent vue ?

—El caso es estraño, sin duda —dijo don Juan—, pero oíd el mío.

Y luego le contó todo lo que le había sucedido, y cómo la criatura que le habían dado estaba en casa en poder de su ama, y la orden que le había dejado de mudarle las ricas mantillas en pobres y de llevarle adonde le criasen o a lo menos socorriesen la presente necesidad. Y dijo más: «Que la pendencia que él venía a buscar ya era acabada y puesta en paz, que él se había hallado en ella; y que, a lo que él imaginaba, todos los de la riña debían de ser gentes de prendas y de gran valor.»

Quedaron entrambos admirados del suceso de cada uno y con priesa se volvieron a la posada, por ver lo que había menester la encerrada. En el camino dijo don Antonio a don Juan que él había prometido a aquella señora que no la dejaría ver de nadie, ni entraría en aquel aposento sino él solo, en tanto que ella no gustase de otra cosa.

—No importa nada —respondió don Juan—, que no faltará orden para verla, que ya lo deseo en estremo, según me la habéis alabado de hermosa.

Llegaron en esto, y, a la luz que sacó uno de tres pajes que tenían, alzó los ojos don Antonio al sombrero que don Juan traía, y viole resplandeciente de diamantes; quitósele, y vio que las luces salían de muchos

— L'aventure est étrange, en vérité, reprit Don Juan ; mais écoutez la mienne.

Et sur-le-champ il raconta à son ami tout ce qui lui était arrivé : comment l'enfant nouveau-né qu'on lui avait remis était chez eux, au pouvoir de la gouvernante, et comment il avait donné l'ordre qu'on changeât en plus pauvres les riches langes qui l'enveloppaient, et qu'on le portât où l'on pût l'élever, ou du moins remédier à la nécessité présente. « Quant au combat que vous venez chercher, ajouta-t-il, il est déjà fini, et la paix est faite ; j'ai pris part à la mêlée, et, à ce que j'imagine, tous ceux qui s'y trouvaient sont gens de qualité et de grande valeur. »

Les deux amis furent fort étonnés de leur mutuelle aventure, et ils revinrent en toute hâte au logis pour voir ce dont pouvait avoir besoin la dame enfermée. En chemin, Don Antonio dit à Don Juan qu'il avait promis à cette dame de ne la laisser voir de personne, et que lui seul entrerait dans sa chambre, tant qu'elle ne permettrait pas autre chose.

« N'importe, répondit Don Juan, je trouverai bien moyen de la voir, et j'en ai un désir extrême, tant vous m'avez vanté ses attraits. »

Ils arrivèrent sur cela, et à la clarté d'une lumière qu'apporta l'un des trois pages qu'ils avaient, Don Antonio jeta la vue sur le chapeau que Don Juan portait, et vit qu'il était tout resplendissant de diamants. Don Juan se l'ôta, et reconnut que cet éclat venait de plusieurs brillants,

que en un cintillo riquísimo traía. Miráronle y remiráronle entrambos, y concluyeron que, si todos eran finos, como parecían, valía más de doce mil ducados.

Aquí acabaron de conocer ser gente principal la de la pendencia, especialmente el socorrido de don Juan, de quien se acordó haberle dicho que trujese el sombrero y le guardase, porque era conocido.

Mandaron retirar los pajes y don Antonio abrió su aposento, y halló a la señora sentada en la cama, con la mano en la mejilla, derramando tiernas lágrimas. Don Juan, con el deseo que tenía de verla, se asomó a la puerta tanto cuanto pudo entrar la cabeza, y al punto la lumbre de los diamantes dio en los ojos de la que lloraba, y, alzándolos, dijo:

—Entrad, señor duque, entrad; ¿para qué me queréis dar con tanta escaseza el bien de vuestra vista?

A esto dijo don Antonio:

—Aquí, señora, no hay ningún duque que se escuse de veros.

—¿Cómo no? —replicó ella—. El que allí se asomó ahora es el duque de Ferrara, que mal le puede encubrir la riqueza de su sombrero.

—En verdad, señora, que el sombrero que vistes no le trae ningún duque; y si queréis desengañaros con ver quién le trae, dadle licencia que entre.

formant une riche bourdaloue[1]. Ils examinèrent tous deux ces brillants avec attention et conclurent que, s'ils étaient fins, comme ils le paraissaient, le chapeau valait plus de douze mille ducats.

Ce fut alors qu'ils reconnurent que les combattants étaient gens de haut parage, principalement celui que Don Juan avait secouru, auquel il se rappelait avoir entendu dire : « Prenez ce chapeau et gardez-le, car il est connu. »

Ils firent retirer leurs pages, et Don Antonio, ouvrant sa chambre, trouva la dame assise sur le lit, la joue dans la main, versant d'abondantes larmes. Dans le désir de la voir, Don Juan s'approcha de la porte, et passa la tête. Aussitôt l'éclat des diamants frappa les regards de la dame éplorée, qui s'écria, en levant les yeux :

— Entrez, seigneur duc, entrez ; pourquoi voulez-vous me donner avec tant d'avarice le bonheur de votre vue ?

Don Antonio dit à cela :

— Mais, madame, il n'y a ici aucun duc qui fasse difficulté de vous voir.

— Comment ! s'écria-t-elle ; celui qui se montre là maintenant est le duc de Ferrare. La riche parure de son chapeau ne lui permet pas de dissimuler.

— En vérité, madame, reprit Don Antonio, ce n'est pas un duc qui porte le chapeau que vous avez vu. Si vous voulez vous désabuser en voyant qui le porte, donnez-lui la permission d'entrer.

---
1. Tresse entourant la forme d'un chapeau.

—Entre enhorabuena —dijo ella—, aunque si no fuese el duque, mis desdichas serían mayores.

Todas estas razones había oído don Juan, y, viendo que tenía licencia de entrar, con el sombrero en la mano entró en el aposento, y, así como se le puso delante y ella conoció no ser quien decía el del rico sombrero, con voz turbada y lengua presurosa, dijo:

—¡Ay, desdichada de mí! Señor mío, decidme luego, sin tenerme más suspensa: ¿conocéis el dueño dese sombrero? ¿Dónde le dejastes o cómo vino a vuestro poder? ¿Es vivo por ventura, o son ésas las nuevas que me envía de su muerte? ¡Ay, bien mío!, ¿qué sucesos son éstos? ¡Aquí veo tus prendas, aquí me veo sin ti encerrada y en poder que, a no saber que es de gentileshombres españoles, el temor de perder mi honestidad me hubiera quitado la vida!

—Sosegaos señora —dijo don Juan—, que ni el dueño deste sombrero es muerto ni estáis en parte donde se os ha de hacer agravio alguno, sino serviros con cuanto las fuerzas nuestras alcanzaren, hasta poner las vidas por defenderos y ampararos; que no es bien que os salga vana la fe que tenéis de la bondad de los españoles; y, pues nosotros lo somos y principales (que aquí viene bien ésta que parece arrogancia), estad segura que se os guardará el decoro que vuestra presencia merece.

— Qu'il entre, j'y consens, dit-elle, bien que, si ce n'est pas le duc, mon malheur ne fera que s'en accroître. »

Don Juan avait entendu tous ces propos, et, voyant qu'il avait permission d'entrer, il se présenta dans la chambre, le chapeau à la main. Dès qu'il fut devant elle, et qu'elle reconnut que ce n'était pas celui qu'elle avait dit, elle s'écria, en balbutiant, et d'une voix troublée :

« Ah ! malheureuse que je suis ! seigneur, parlez vite, et sans me tenir davantage en suspens. Connaissez-vous le maître de ce chapeau ? Où l'avez-vous laissé ? Comment est-ce en votre pouvoir ? Est-il vivant, par bonheur ? Ou bien sont-ce les nouvelles de sa mort qu'il envoie ? Oh ! mon doux ami ! qu'est-il donc arrivé ? Je vois ici tes joyaux ; je me vois enfermée sans toi, au pouvoir d'inconnus, et si je ne savais pas que ce sont des gentilshommes espagnols, la crainte de perdre l'honneur m'aurait ôté déjà la vie.

— Calmez-vous, madame, répondit Don Juan ; le maître de ce chapeau n'est point mort, et vous n'êtes pas en un lieu où l'on vous fasse aucun outrage ; nous ne pensons qu'à vous servir, autant que nos forces nous le permettent, jusqu'à risquer la vie pour vous défendre et vous secourir. Il serait mal à nous de tromper la foi que vous avez dans la loyauté des Espagnols ; et puisque nous le sommes, ainsi que gens de qualité (cette espèce d'arrogance n'est pas déplacée ici), soyez certaine qu'on vous portera le respect que mérite votre personne.

—Así lo creo yo —respondió ella—; pero con todo eso, decidme, señor: ¿cómo vino a vuestro poder ese rico sombrero, o adónde está su dueño, que, por lo menos, es Alfonso de Este, duque de Ferrara?

Entonces don Juan, por no tenerla más suspensa, le contó cómo le había hallado en una pendencia, y en ella había favorecido y ayudado a un caballero que, por lo que ella decía, sin duda debía de ser el duque de Ferrara, y que en la pendencia había perdido el sombrero y hallado aquél, y que aquel caballero le había dicho que le guardase, que era conocido, y que la refriega se había concluido sin quedar herido el caballero ni él tampoco; y que, después de acabada, había llegado gente que al parecer debían de ser criados o amigos del que él pensaba ser el duque, el cual le había pedido le dejase y se viniese, *mostrándose muy agradecido al favor que yo le había dado.*

—De manera, señora mía, que este rico sombrero vino a mi poder por la manera que os he dicho, y su dueño, si es el duque, como vos decís, no ha una hora que le dejé bueno, sano y salvo; sea esta verdad parte para vuestro consuelo, si es que le tendréis con saber del buen estado del duque.

—Para que sepáis, señores, si tengo razón y causa para preguntar por él, estadme atentos y escuchad la, no sé si diga, mi desdichada historia.

— Je le crois ainsi, répondit-elle ; mais cependant, dites-moi, seigneur, comment ce riche chapeau est-il tombé en votre pouvoir ? Où se trouve son maître, qui n'est rien moins qu'Alphonse d'Est, duc de Ferrare ? »

Alors Don Juan, pour ne pas la tenir en suspens davantage, lui conta comment il s'était trouvé au milieu d'un combat, comment il y avait secouru un gentilhomme, qui, d'après ce qu'elle disait, devait être le duc de Ferrare.

« Dans la mêlée, ajouta-t-il, j'ai perdu mon chapeau et trouvé celui-ci, et ce gentilhomme m'a dit de le garder, parce qu'il était connu. Le combat s'est terminé sans que nous fussions blessé, ni le gentilhomme ni moi ; puis ensuite, quelques hommes sont arrivés, qui doivent être des serviteurs ou des amis de celui que je pense être le duc, lequel m'a prié de le laisser et de m'éloigner, *en se montrant très reconnaissant du service que je lui avais rendu*. Voilà, madame, comment ce riche chapeau est venu en mon pouvoir ; quant à son maître, si c'est le duc, comme vous le dites, il n'y a pas une heure que je l'ai quitté sain, sauf et bien portant. Que ce récit véritable serve à votre consolation, si vous en trouvez à savoir que le duc est hors de danger.

— Afin que vous sachiez, ô seigneurs, reprit la dame, combien j'ai raison de m'informer de lui, prêtez-moi votre attention, et écoutez, je ne sais si je dois dire ma malheureuse histoire. »

Todo el tiempo en que esto pasó le entretuvo el ama en paladear al niño con miel y en mudarle las mantillas de ricas en pobres; y, ya que lo tuvo todo aderezado, quiso llevarla en casa de una partera, como don Juan se lo dejó ordenado, y, al pasar con ella por junto a la estancia donde estaba la que quería comenzar su historia, lloró la criatura de modo que lo sintió la señora; y, levantándose en pie, púsose atentamente a escuchar, y oyó más distintamente el llanto de la criatura y dijo:

—Señores míos, ¿qué criatura es aquella, que parece recién nacida?

Don Juan respondió:

—Es un niño que esta noche nos han echado a la puerta de casa y va el ama a buscar quién le dé de mamar.

—Tráiganmele aquí, por amor de Dios —dijo la señora—, que yo haré esa caridad a los hijos ajenos, pues no quiere el cielo que la haga con los propios.

Llamó don Juan al ama y tomóle el niño, y entrósele a la que le pedía y púsosele en los brazos, diciendo:

—Veis aquí, señora, el presente que nos han hecho esta noche; y no ha sido éste el primero, que pocos meses se pasan que no hallamos a los quicios de nuestras puertas semejantes hallazgos.

Tout le temps qu'avait duré cet entretien, la gouvernante l'employa à graisser la bouche de l'enfant avec du miel, et à lui changer ses langes. Quand elle l'eut arrangé, elle voulut le porter chez une sage-femme, suivant l'ordre que lui en avait donné Don Juan. Mais comme elle passait avec l'enfant devant la chambre où se trouvait celle qui allait commencer son histoire, la petite créature se mit à pleurer, de façon que la dame l'entendit. Elle se leva tout debout, prêta l'oreille, et entendit plus distinctement les pleurs de l'enfant.

« Quel est cet enfant, mes seigneurs ? s'écria-t-elle ; on dirait qu'il est nouveau-né. »

Don Juan répondit :

— C'est un petit garçon qu'on a déposé cette nuit à la porte de notre maison, et la gouvernante va chercher quelqu'un qui lui donne à téter.

— Qu'on me l'apporte ici, pour l'amour de Dieu, reprit la dame, et je ferai cette charité aux enfants d'autrui, puisque le Ciel ne veut pas que je la fasse aux miens propres. »

Don Juan appela la gouvernante, lui prit l'enfant, et le mit dans les bras de celle qui le demandait, en lui disant :

« Voilà, madame, le présent qu'on nous a fait cette nuit, et ce n'est pas le premier, car peu de mois se passent sans que nous rencontrions de semblables trouvailles sur le seuil de nos portes. »

Tomóle ella en los brazos y miróle atentamente, así el rostro como los pobres aunque limpios paños en que venía envuelto, y luego, sin poder tener las lágrimas, se echó la toca de la cabeza encima de los pechos, para poder dar con honestidad de mamar a la criatura, y, aplicándosela a ellos, juntó su rostro con el suyo, y con la leche le sustentaba y con las lágrimas le bañaba el rostro; y desta manera estuvo sin levantar el suyo tanto espacio cuanto el niño no quiso dejar el pecho. En este espacio guardaban todos cuatro silencio; el niño mamaba, pero no era ansí, porque las recién paridas no pueden dar el pecho; y así, cayendo en la cuenta la que se lo daba, se le volvió a don Juan, diciendo:

—En balde me he mostrado caritativa: bien parezco nueva en estos casos. Haced, señor, que a este niño le paladeen con un poco de miel, y no consintáis que a estas horas le lleven por las calles. Dejad llegar el día, y antes que le lleven vuélvanmele a traer, que me consuelo en verle.

Volvió el niño don Juan al ama y ordenóle le entretuviese hasta el día, y que le pusiese las ricas mantillas con que le había traído, y que no le llevase sin primero decírselo. Y volviendo a entrar, y estando los tres solos, la hermosa dijo:

—Si queréis que hable, dadme primero algo que coma, que me desmayo, y tengo bastante ocasión para ello.

La dame le prit dans ses bras, regarda attentivement son visage, et les langes pauvres mais propres qui l'enveloppaient ; puis, sans pouvoir retenir ses pleurs, elle étendit sa coiffe de nuit sur son sein pour pouvoir le donner avec décence à l'enfant, lui approcha la bouche de sa mamelle, baissa son visage sur le sien, et tandis qu'elle le nourrissait de son lait, elle le baignait de ses larmes. Elle resta dans cette posture, sans relever la tête, tant que l'enfant ne voulut pas abandonner le sein. Cependant, tous quatre gardaient le silence. L'enfant tétait ; mais il ne prenait point de lait, parce que les nouvelles accouchées ne peuvent donner le sein ; aussi la dame, s'en étant aperçue, rendit l'enfant à Don Juan.

« En vain, dit-elle, je me suis montrée charitable ; je suis trop neuve sur semblables matières. Faites, seigneur, qu'on arrose un peu la bouche de cet enfant avec du miel, mais ne permettez pas qu'on l'emporte à cette heure-ci par les rues. Laissez venir le jour, et qu'on me le rapporte avant de l'emmener ; je trouve à le voir une grande consolation. »

Don Juan remit l'enfant à la gouvernante. Il lui recommanda d'en avoir soin jusqu'au jour, de lui remettre les riches langes dans lesquels il l'avait apporté, et de ne point l'emmener sans l'en prévenir. Il rentra, et quand ils furent tous trois seuls, la belle Cornélia leur dit :

« Si vous voulez que je parle, donnez-moi d'abord quelque chose à manger, car je me sens défaillir, et n'en ai que trop de raison. »

Acudió prestamente don Antonio a un escritorio y sacó dél muchas conservas, y de algunas comió la desmayada, y bebió un vidrio de agua fría, con que volvió en sí; y, algo sosegada, dijo:

—Sentaos, señores, y escuchadme.

Hiciéronlo ansí, y ella, recogiéndose encima del lecho y abrigándose bien con las faldas del vestido, dejó descolgar por las espaldas un velo que en la cabeza traía, dejando el rostro esento y descubierto, mostrando en él el mismo de la luna, o, por mejor decir, del mismo sol, cuando más hermoso y más claro se muestra. Llovíanle líquidas perlas de los ojos, y limpiábaselas con un lienzo blanquísimo y con unas manos tales, que entre ellas y el lienzo fuera de buen juicio el que supiera diferenciar la blancura. Finalmente, después de haber dado muchos suspiros y después de haber procurado sosegar algún tanto el pecho, con voz algo doliente y turbada, dijo:

—«Yo, señores, soy aquella que muchas veces habréis, sin duda alguna, oído nombrar por ahí, porque la fama de mi belleza, tal cual ella es, pocas lenguas hay que no la publiquen. Soy, en efeto, Cornélia Bentibolli, hermana de Lorenzo Bentibolli, que con deciros esto quizá habré dicho dos verdades: la una, de mi nobleza; la otra, de mi hermosura. De pequeña edad quedé huérfana de padre y madre, en poder de mi hermano, el cual desde niña puso en mi guarda al recato mismo, puesto que más confiaba de mi honrada condición que de la solicitud que ponía en guardarme.

Don Antonio courut ouvrir son secrétaire, et en tira plusieurs conserves, dont la dame évanouie mangea quelques bouchées. Elle but ensuite un verre d'eau froide, qui la fit revenir à elle, et, se trouvant plus tranquille, elle reprit :

« Asseyez-vous, seigneurs, et écoutez-moi. »

Ils obéirent ; alors, s'arrangeant sur le lit, et se couvrant bien avec les pans de sa robe, elle laissa tomber le long de ses épaules un voile qu'elle portait sur la tête, montrant, dans son visage découvert, la figure même de la lune, ou, pour mieux dire, du soleil lui-même quand il se lève pur et dans tout son éclat. Des perles liquides lui coulaient des yeux, qu'elle essuyait avec un mouchoir d'une extrême blancheur et des mains telles, qu'entre elles et le mouchoir il eût été difficile d'établir une différence. Finalement, après avoir laissé échapper bien des soupirs, après avoir essayé de calmer un peu sa poitrine oppressée, elle dit d'une voix faible et tremblante :

« Je suis, seigneurs, celle que vous aurez sans doute entendu nommer bien des fois dans cette ville, car, telle qu'est ma beauté, il y a peu de langues qui n'en publient la renommée. Je suis, en effet, Cornélia Bentibolli, sœur de Lorenzo Bentibolli, et peut-être m'aura-t-il suffi de dire cela pour avoir dit deux choses reconnues, ma noblesse et ma beauté. Toute jeune, je restai orpheline, au pouvoir de mon frère, qui, dès l'âge le plus tendre, mit tous ses soins à ma garde, bien qu'il eût encore plus de confiance en mes sentiments d'honneur qu'en la sollicitude qu'il mettait à me garder.

»Finalmente, entre paredes y entre soledades, acompañadas no más que de mis criadas, fui creciendo, y juntamente conmigo crecía la fama de mi gentileza, sacada en público de los criados y de aquellos que en secreto me trataban y de un retrato que mi hermano mandó hacer a un famoso pintor, para que, como él decía, no quedase sin mí el mundo, ya que el cielo a mejor vida me llevase. Pero todo esto fuera poca parte para apresurar mi perdición si no sucediera venir el duque de Ferrara a ser padrino de unas bodas de una prima mía, donde me llevó mi hermano con sana intención y por honra de mi parienta. Allí miré y fui vista; allí, según creo, rendí corazones, avasallé voluntades: allí sentí que daban gusto las alabanzas, aunque fuesen dadas por lisonjeras lenguas; allí, finalmente, vi al duque y él me vio a mí, de cuya vista ha resultado verme ahora como me veo. No os quiero decir, señores, porque sería proceder en infinito, los términos, las trazas, y los modos por donde el duque y yo venimos a conseguir, al cabo de dos años, los deseos que en aquellas bodas nacieron, porque ni guardas, ni recatos, ni honrosas amonestaciones, ni otra humana diligencia fue bastante para estorbar el juntarnos: que en fin hubo de ser debajo de la palabra que él me dio de ser mi esposo, porque sin ella fuera imposible rendir la roca de la valerosa y honrada presunción mía. Mil veces le dije que públicamente me pidiese a mi hermano, pues no era posible que me negase;

» Finalement, entre les murs et dans la solitude, n'ayant pour compagnie que celle de mes femmes, j'allai grandissant, et en même temps que moi grandissait la renommée de ma gentillesse, divulguée dans le public par les serviteurs de la maison et par ceux qui me visitaient dans l'intimité, ainsi que par un portrait que mon frère fit faire à un peintre fameux, afin, disait-il, que le monde ne fût pas complètement privé de moi, si le Ciel me rappelait à une meilleure vie. Mais tout cela n'aurait servi que faiblement à hâter ma perdition, s'il n'était arrivé que le duc de Ferrare consentit à être le parrain des noces d'une de mes cousines, où mon frère me mena, en toute bonne intention, et pour faire honneur à mon parent. Là, je vis et je fus vue ; là, si je ne m'abuse, je fis rendre des cœurs et conquis des volontés ; là, je reconnus quel plaisir donnaient les louanges, même adressées par des langues menteuses ; là, finalement, je vis le duc, et fus vue de lui, et cette vue mutuelle a été cause que je me vois maintenant comme je me vois. Je ne veux pas vous raconter, seigneurs, car ce serait à n'en jamais finir, les ruses, les artifices, les moyens de toutes sortes par lesquels le duc et moi nous parvînmes, au bout de deux ans, à satisfaire les désirs que cette noce avait fait naître. Ni réclusion, ni gardien, ni remontrance, ni aucune diligence humaine, ne suffirent pour empêcher notre réunion, qui eut lieu, enfin, sous la parole qu'il me donna d'être mon époux, car, sans cette promesse, il ne lui eût pas été possible de faire capituler la forteresse de mon honnête et valeureuse fierté. Mille fois, je lui dis de demander publiquement ma main à mon frère, puisqu'il était impossible que celui-ci la refusât,

y que no había que dar disculpas al vulgo de la culpa que le pondrían de la desigualdad de nuestro casamiento, pues no desmentía en nada la nobleza del linaje Bentibolli a la suya Estense. A esto me respondió con escusas, que yo las tuve por bastantes y necesarias, y, confiada como rendida, creí como enamorada y entreguéme de toda mi voluntad a la suya por intercesión de una criada mía, más blanda a las dádivas y promesas del duque que lo que debía a la confianza que de su fidelidad mi hermano hacía.

»En resolución, a cabo de pocos días, me sentí preñada; y, antes que mis vestidos manifestasen mis libertades, por no darles otro nombre, me fingí enferma y melancólica, y hice con mi hermano me trujese en casa de aquella mi prima de quien había sido padrino el duque. Allí le hice saber en el término en que estaba, y el peligro que me amenazaba y la poca seguridad que tenía de mi vida, por tener barruntos de que mi hermano sospechaba mi desenvoltura. Quedó de acuerdo entre los dos que en entrando en el mes mayor se lo avisase: que él vendría por mí con otros amigos suyos y me llevaría a Ferrara, donde en la sazón que esperaba se casaría públicamente conmigo.

»Esta noche en que estamos fue la del concierto de su venida, y esta misma noche, estándole esperando, sentí pasar a mi hermano con otros muchos hombres, al parecer armados, según les crujían las armas,

et que pour lui, il n'aurait aucune excuse à donner au vulgaire pour se disculper de la faute qu'on lui reprocherait de contracter une mésalliance, puisque la noblesse de la famille Bentibolli ne démentait en rien celle de la famille d'Est. À cela, il me répondit par des prétextes, que je trouvai justes et suffisants. Subjuguée et confiante, je le crus avec la foi de l'amour, et je livrai ma volonté à la sienne, par l'intermédiaire d'une de mes femmes, plus souple aux présents du duc que ne le méritait la confiance qu'avait mise mon frère en sa fidélité.

» Enfin, au bout de quelques jours, je me trouvai enceinte, et avant que mes vêtements ne publiassent mes libertés, pour ne pas leur donner un autre nom, je feignis d'être malade, mélancolique, et j'obtins de mon frère qu'il me conduisît chez cette cousine, dont le duc avait été parrain de noce. Là, je fis savoir au duc en quelle situation je me trouvais, le péril dont j'étais menacée et le peu de sécurité qui restait à ma vie, car j'avais quelques doutes que mon frère soupçonnait ma faute. Il demeura convenu entre nous qu'à l'entrée du dernier mois de ma grossesse je le ferais avertir, et qu'il viendrait me chercher avec d'autres amis pour m'emmener à Ferrare, où il se marierait alors publiquement avec moi.

» Cette nuit où nous sommes fut celle dont nous convînmes pour son arrivée, et, cette même nuit, tandis que je l'attendais, j'ouïs passer mon frère avec plusieurs autres hommes, armés, sans aucun doute, puisque j'entendais le cliquetis des armes.

de cuyo sobresalto de improviso me sobrevino el parto, y en un instante parí un hermoso niño. Aquella criada mía, sabidora y medianera de mis hechos, que estaba ya prevenida para el caso, envolvió la criatura en otros paños que no los que tiene la que a vuestra puerta echaron; y, saliendo a la puerta de la calle, la dio, a lo que ella dijo, a un criado del duque. Yo, desde allí a un poco, acomodándome lo mejor que pude, según la presente necesidad, salí de la casa, creyendo que estaba en la calle el duque, y no lo debiera hacer hasta que él llegara a la puerta; mas el miedo que me había puesto la cuadrilla armada de mi hermano, creyendo que ya esgrimía su espada sobre mi cuello, no me dejó hacer otro mejor discurso; y así, desatentada y loca, salí donde me sucedió lo que habéis visto; y, aunque me veo sin hijo y sin esposo y con temor de peores sucesos, doy gracias al cielo, que me ha traído a vuestro poder, de quien me prometo todo aquello que de la cortesía española puedo prometerme, y más de la vuestra, que la sabréis realzar por ser tan nobles como parecéis.»

Diciendo esto, se dejó caer del todo encima del lecho, y, acudiendo los dos a ver si se desmayaba, vieron que no, sino que amargamente lloraba, y díjole don Juan:

La frayeur dont je fus saisie provoqua un accouchement subit, et je mis au monde un bel enfant. Celle de mes femmes qui était dans le secret de mon aventure, et en avait été l'intermédiaire, s'étant préparée pour l'événement, enveloppa la petite créature dans des langes autres que ceux que portait celle qu'on a déposée sur le seuil de votre maison ; puis, s'étant avancée à la porte de la rue, elle remit l'enfant, m'a-t-elle dit, à un serviteur du duc. Pour moi, peu de temps après, m'étant arrangée le mieux que je pus dans une si pressante nécessité, je quittai la maison, croyant que le duc était dans la rue. Je n'aurais pas dû sortir avant qu'il fût arrivé à la porte ; mais la frayeur que m'avait causée l'approche de la troupe armée de mon frère, duquel je croyais sentir l'épée sur ma gorge, ne me laissa pas réfléchir plus sagement. Hors de moi, insensée, je m'enfuis de la maison, et il m'arriva ce dont vous fûtes témoins. Maintenant, bien que je me voie sans mon enfant, sans mon époux, et menacée de plus grands malheurs, je rends grâces au Ciel de ce qu'il m'a conduite en votre pouvoir, vous de qui je me promets tout ce qu'on peut attendre de la courtoisie espagnole, de la vôtre surtout, que vous saurez rehausser par la noblesse qui vous est personnelle. »

En achevant ces mots, elle se laissa tomber tout de son long sur le lit. Les deux amis accoururent, croyant qu'elle était évanouie ; mais ils virent qu'elle pleurait amèrement. Don Juan lui dit :

—Si hasta aquí, hermosa señora, yo y don Antonio, mi camarada, os teníamos compasión y lástima por ser mujer, ahora, que sabemos vuestra calidad, la lástima y compasión pasa a ser obligación precisa de serviros. Cobrad ánimo y no desmayéis; y, aunque no acostumbrada a semejantes casos, tanto más mostraréis quién sois cuanto más con paciencia supiéredes llevarlos. Creed, señora, que imagino que estos tan estraños sucesos han de tener un felice fin: que no han de permitir los cielos que tanta belleza se goce mal y tan honestos pensamientos se malogren. Acostaos, señora, y curad de vuestra persona, que lo habéis menester; que aquí entrará una criada nuestra que os sirva, de quien podéis hacer la misma confianza que de nuestras personas: tan bien sabrá tener en silencio vuestras desgracias como acudir a vuestras necesidades.

—Tal es la que tengo, que a cosas más dificultosas me obliga —respondió ella—. Entre, señor, quien vos quisiéredes, que, encaminada por vuestra parte, no puedo dejar de tenerla muy buena en la que menester hubiere; pero, con todo eso, os suplico que no me vean más que vuestra criada.

—Así será—respondió don Antonio.

Y dejándola sola se salieron, y don Juan dijo al ama que entrase dentro y llevase la criatura con los ricos paños, si se los había puesto. El ama dijo que sí, y que ya estaba de la misma manera que él la había traído.

« Si jusqu'ici, belle et noble dame, Don Antonio et moi avons eu pitié de vous, seulement parce que vous étiez femme, maintenant que nous connaissons votre qualité, cette pitié devient un devoir impérieux de vous servir. Reprenez courage, cessez de défaillir, et, quelque peu faite que vous soyez à de tels événements, vous prouverez d'autant mieux qui vous êtes, que vous les supporterez avec plus de fermeté. Croyez-moi, madame, j'imagine que ces événements étranges doivent avoir une heureuse fin. Les cieux ne permettront pas que tant de beauté se perde, que de si chastes intentions soient déçues. Couchez-vous, madame, et prenez soin de votre santé ; vous en avez besoin. Notre gouvernante viendra vous servir, et vous pouvez avoir en elle autant de confiance qu'en nous-mêmes. Elle saura aussi bien garder le silence sur vos disgrâces, que remédier à vos nécessités.

— Celle où je me trouve, répondit la dame, est celle qu'elle me forcerait à des choses plus difficiles. Faites entrer, seigneur, qui vous voudrez. Envoyée par vous, cette femme ne peut manquer d'être bonne pour ce que j'attends d'elle. Mais toutefois, je vous en supplie, que personne ne me voie, autre que votre gouvernante.

— Vous serez obéie, » répondit Don Antonio.

Et les deux amis la laissèrent seule en quittant la chambre. Don Juan dit à la gouvernante d'y entrer, et de porter l'enfant avec ses premiers langes, si elle les lui avait remis. La gouvernante répondit que l'enfant était comme il l'avait apporté.

Entró el ama, advertida de lo que había de responder a lo que acerca de aquella criatura la señora que hallaría allí dentro le preguntase.

En viéndola Cornélia, le dijo:

—Vengáis en buen hora, amiga mía; dadme esa criatura y llegadme aquí esa vela.

Hízolo así el ama, y, tomando el niño Cornélia en sus brazos, se turbó toda y le miró ahincadamente, y dijo al ama:

—Decidme, señora, ¿este niño y el que me trajistes o me trujeron poco ha es todo uno?

—Sí señora —respondió el ama.

—Pues ¿cómo trae tan trocadas las mantillas? —replicó Cornélia—. En verdad, amiga, que me parece o que éstas son otras mantillas, o que ésta no es la misma criatura.

—Todo podía ser —respondió el ama.

—Pecadora de mí —dijo Cornélia—, ¿cómo todo podía ser? ¿Cómo es esto, ama mía?; que el corazón me revienta en el pecho hasta saber este trueco. Decídmelo, amiga, por todo aquello que bien queréis. Digo que me digáis de dónde habéis habido estas tan ricas mantillas, porque os hago saber que son mías, si la vista no me miente o la memoria no se acuerda. Con estas mismas o otras semejantes entregué yo a mi doncella la prenda querida de mi alma: ¿quién se las quitó? ¡Ay, desdichada! Y ¿quién las trujo aquí? ¡Ay, sin ventura!

Elle entra donc, bien avisée de ce qu'elle devait répondre à ce que lui demanderait, au sujet de cet enfant, la dame qu'elle trouverait dans la chambre.

En la voyant entrer, Cornélia lui dit :

« Soyez la bienvenue, mon amie ; donnez-moi cet enfant, et approchez cette lumière. »

La gouvernante obéit ; mais Cornélia n'eut pas plutôt pris l'enfant dans ses bras qu'elle changea de visage, et le dévorant des yeux :

« Dites-moi, dame gouvernante, s'écria-t-elle, cet enfant, et celui qu'on m'apporta tout à l'heure, est-ce le même ?

— Oui, madame, répondit la gouvernante.

— Mais pourquoi ses langes sont-ils changés ? répliqua Cornélia. En vérité, mon amie, ce ne sont pas les mêmes langes, ou ce n'est pas le même enfant.

— Tout cela peut bien être, repartit la gouvernante.

— Comment ! tout cela peut bien être ! s'écria la dame. Sainte Vierge ! que dites-vous là, gouvernante ? Ah ! le cœur me bondit dans la poitrine, jusqu'à ce que je sache d'où vient cet échange. Apprenez-le-moi, mon amie. Par tout ce que vous aimez le mieux, je vous en conjure, dites-moi d'où vous sont venus ces langes si riches ? Il faut que vous sachiez qu'ils sont à moi, si la vue ne me trompe, ou si la mémoire ne m'abuse ; c'est dans ces langes, ou d'autres tout semblables, que j'ai remis à ma caméristre le bijou chéri de mon âme. Qui les lui a ôtés, malheur à moi ! qui les a apportés ici ? »

Don Juan y don Antonio, que todas estas quejas escuchaban, no quisieron que más adelante pasase en ellas, ni permitieron que el engaño de las trocadas mantillas más la tuviese en pena; y así, entraron, y don Juan le dijo:

—Esas mantillas y ese niño son cosa vuestra, señora Cornélia.

Y luego le contó punto por punto cómo él había sido la persona a quien su doncella había dado el niño, y de cómo le había traído a casa, con la orden que había dado al ama del trueco de las mantillas y la ocasión por que lo había hecho; aunque, después que le contó su parto, siempre tuvo por cierto que aquél era su hijo, y que si no se lo había dicho, había sido porque, tras el sobresalto del estar en duda de conocerle, sobreviniese la alegría de haberle conocido.

Allí fueron infinitas las lágrimas de alegría de Cornélia, infinitos los besos que dio a su hijo, infinitas las gracias que rindió a sus favorecedores, llamándolos ángeles humanos de su guarda y otros títulos que de su agradecimiento daban notoria muestra.

Dejáronla con el ama, encomendándola mirase por ella y la sirviese cuanto fuese posible, advirtiéndola en el término en que estaba, para que acudiese a su remedio, pues ella, por ser mujer, sabía más de aquel menester que no ellos.

Don Juan et Don Antonio, qui entendaient toutes ces plaintes, ne voulurent pas permettre que la pauvre dame les continuât davantage, et que l'erreur où l'avait jetée le changement des langes la tînt plus longtemps en peine. Ils entrèrent, et Don Juan lui dit :

« Ces langes et cet enfant vous appartiennent, madame. »

Aussitôt, il lui conta de point en point comment il était la personne à qui sa camériste avait remis l'enfant, comment il l'avait apporté à la maison, ainsi que l'ordre qu'il avait donné à la gouvernante de changer ses langes, et à quel propos il avait agi de cette façon. « Depuis le moment, ajouta-t-il, où vous nous avez conté les circonstances de votre accouchement, j'ai tenu pour certain que cet enfant était votre fils, et si je ne l'ai pas dit sur-le-champ, c'est que je craignais qu'après le doute où vous étiez de le reconnaître ne survînt trop tôt la joie de l'avoir reconnu. »

Alors, les larmes de joie que versa Cornélia furent infinies, comme les baisers qu'elle donna à son fils, comme les actions de grâces qu'elle rendit à ses protecteurs, les appelant ses anges gardiens sur la terre, et leur donnant d'autres noms où éclatait toute sa reconnaissance.

Ils la laissèrent avec la gouvernante, en recommandant à celle-ci de veiller sur elle, de la servir avec tout le soin possible, et après lui avoir révélé la situation de l'étrangère, pour qu'elle lui donnât tous les secours utiles, puisque, femme, elle en savait plus long qu'eux sur ce point.

Con esto, se fueron a reposar lo que faltaba de la noche, con intención de no entrar en el aposento de Cornélia si no fuese o que ella los llamase o a necesidad precisa. Vino el día y el ama trujo a quien secretamente y a escuras diese de mamar al niño, y ellos preguntaron por Cornélia. Dijo el ama que reposaba un poco. Fuéronse a las escuelas, y pasaron por la calle de la pendencia y por la casa de donde había salido Cornélia, por ver si era ya pública su falta o si se hacían corrillos della; pero en ningún modo sintieron ni oyeron cosa ni de la riña ni de la ausencia de Cornélia. Con esto, oídas sus lecciones, se volvieron a su posada.

Llamólos Cornélia con el ama, a quien respondieron que tenían determinado de no poner los pies en su aposento, para que con más decoro se guardase el que a su honestidad se debía; pero ella replicó con lágrimas y con ruegos que entrasen a verla, que aquél era el decoro más conveniente, si no para su remedio, a lo menos para su consuelo. Hiciéronlo así, y ella los recibió con rostro alegre y con mucha cortesía; pidióles le hiciesen merced de salir por la ciudad y ver si oían algunas nuevas de su atrevimiento. Respondiéronle que ya estaba hecha aquella diligencia con toda curiosidad, pero que no se decía nada.

En esto, llegó un paje, de tres que tenían, a la puerta del aposento, y desde fuera dijo:

Là-dessus, ils allèrent reposer le peu qui restait de la nuit, bien résolus à ne point entrer dans l'appartement de Cornélia, à moins de nécessité absolue, ou qu'elle ne les appelât elle-même. Le jour vint, et la gouvernante amena quelqu'un pour donner secrètement et en cachette à téter à l'enfant. Les jeunes gens s'informèrent des nouvelles de Cornélia ; la gouvernante répondit qu'elle reposait un peu. Ils allèrent aux écoles, et passèrent par la rue du combat, devant la maison d'où Cornélia était sortie, pour voir si son absence était déjà publique, et si l'on en caquetait dans le voisinage ; mais ils n'entendirent pas souiller mot, ni de la querelle, ni de la disparition de Cornélia. Leurs leçons prises, ils revinrent au logis.

Cornélia les fit appeler par la gouvernante ; ils répondirent qu'ils avaient résolu de ne pas mettre les pieds dans sa chambre pour mieux garder le respect qu'elle se devait à elle-même. Mais elle répliqua, les larmes aux yeux, qu'elle les priait en grâce de venir la voir, et que c'était la bienséance la plus convenable, sinon pour remédier à ses maux, du moins pour l'en consoler. Ils obéirent, et elle les reçut d'un visage riant, avec une extrême politesse. Elle leur demanda de lui faire la grâce de parcourir la ville, et de voir s'ils apprendraient quelque nouvelle de son aventure ; ils répondirent qu'ils avaient déjà fait cette démarche avec tout le soin possible, et que rien ne se disait encore.

En ce moment, un des trois pages qu'ils avaient s'approcha de la porte de la chambre, et leur dit du dehors :

—A la puerta está un caballero con dos criados que dice se llama Lorenzo Bentibolli, y busca a mi señor don Juan de Gamboa.

A este recado cerró Cornélia ambos puños y se los puso en la boca, y por entre ellos salió la voz baja y temerosa, y dijo:

—¡Mi hermano, señores; mi hermano es ése! Sin duda debe de haber sabido que estoy aquí, y viene a quitarme la vida. ¡Socorro, señores, y amparo!

—Sosegaos, señora —le dijo don Antonio—, que en parte estáis y en poder de quien no os dejará hacer el menor agravio del mundo. Acudid vos, señor don Juan, y mirad lo que quiere ese caballero, y yo me quedaré aquí a defender, si menester fuere, a Cornélia.

Don Juan, sin mudar semblante, bajó abajo, y luego don Antonio hizo traer dos pistoletes armados, y mandó a los pajes que tomasen sus espadas y estuviesen apercebidos.

El ama, viendo aquellas prevenciones, temblaba; Cornélia, temerosa de algún mal suceso, tremía; solos don Antonio y don Juan estaban en sí y muy bien puestos en lo que habían de hacer.

En la puerta de la calle halló don Juan a don Lorenzo, el cual, en viendo a don Juan, le dijo:

« Un gentilhomme est à la porte de la rue avec deux valets, qui dit s'appeler Lorenzo Bentibolli, et demande mon seigneur Don Juan de Gamboa. »

À ce message, Cornélia ferma ses deux poings, se les mit sur la bouche, et laissant échapper entre ses doigts une voix suffoquée et tremblante :

« C'est mon frère, seigneurs, s'écria-t-elle, c'est mon frère. Sans doute, il doit savoir que je suis ici, et vient pour m'ôter la vie. Au secours, seigneurs, défendez-moi.

— Calmez-vous, madame, lui dit Don Antonio, vous êtes en un lieu sûr et au pouvoir de gens qui ne vous laisseront pas faire le moindre outrage. Descendez, seigneur Don Juan, allez voir ce que veut ce gentilhomme. Je resterai ici pour défendre Cornélia, s'il en est besoin. »

Don Juan, sans changer de visage, descendit aussitôt. Don Antonio fit apporter deux pistolets chargés, puis donna l'ordre aux pages de prendre leurs épées et de se tenir prêts.

La gouvernante, en voyant les préparatifs, tremblait de tous ses membres, et Cornélia, qui craignait quelque méchante affaire, n'était pas moins effrayée. Seuls, Don Antonio et Don Juan conservaient leur sang-froid, et s'occupaient avec calme de ce qu'ils avaient à faire.

Don Juan trouva Don Lorenzo à la porte de la rue, et dès que celui-ci l'eut aperçu, il lui dit :

—Suplico a V. S. (que ésta es la merced de Italia) me haga merced de venirse conmigo a aquella iglesia que está allí frontero, que tengo un negocio que comunicar con V. S. en que me va la vida y la honra.

—De muy buena gana—respondió don Juan—: vamos, señor, donde quisiéredes.

Dicho esto, mano a mano se fueron a la iglesia; y, sentándose en un escaño y en parte donde no pudiesen ser oídos, Lorenzo habló primero y dijo:

—«Yo, señor español, soy Lorenzo Bentibolli, si no de los más ricos, de los más principales desta ciudad. Ser esta verdad tan notoria servirá de disculpa del alabarme yo propio. Quedé huérfano algunos años ha, y quedó en mi poder una mi hermana: tan hermosa, que a no tocarme tanto quizá os la alabara de manera que me faltaran encarecimientos por no poder ningunos corresponder del todo a su belleza. Ser yo honrado y ella muchacha y hermosa me hacían andar solícito en guardarla; pero todas mis prevenciones y diligencias las ha defraudado la voluntad arrojada de mi hermana Cornélia, que éste es su nombre.

»Finalmente, por acortar, por no cansaros, éste que pudiera ser cuento largo, digo que el duque de Ferrara, Alfonso de Este, con ojos de lince venció a los de Argos, derribó y triunfo de mi industria venciendo a mi hermana, y anoche me la llevó y sacó de casa de una parienta nuestra, y aun dicen que recién parida.

« Je supplie votre seigneurie (c'est la formule italienne) de vouloir bien entrer avec moi dans cette église qui est en face. J'ai à traiter avec votre seigneurie d'une affaire où il s'agit pour moi de la vie et du l'honneur.

— Très volontiers, répondit Don Juan ; allons, seigneur, où il vous plaira. »

Cela dit, et bras dessus, bras dessous, ils allèrent à l'église et s'assirent sur un banc à l'écart, de manière à n'être pas entendus. Lorenzo parla le premier.

« Seigneur Espagnol, dit-il, je suis Lorenzo Bentibolli, sinon des plus riches, au moins des plus nobles gentilshommes de cette ville. La notoriété de ce fait servira d'excuse à la louange que je me donne moi-même. Je restai orphelin, il y a quelques années, et en mon pouvoir resta une sœur, si belle, que, si elle ne me touchait pas d'aussi près, les expressions et les hyperboles me manqueraient pour vous en faire l'éloge, car aucune ne saurait répondre dignement à sa beauté. De ce que l'honneur m'est cher, de ce qu'elle est jeune et belle, je mettais tous mes soins, toute ma sollicitude, à la garder. Mais l'humeur légère et hardie de ma sœur Cornélia, c'est ainsi qu'elle s'appelle, a trompé mes précautions et mes mesures.

» Finalement, pour abréger et ne vous point fatiguer, car cette histoire pourrait être longue, je me borne à dire que le duc de Ferrare, Alphonse d'Est, vainquit avec des yeux de lynx ceux d'Argos, et qu'il triompha de mon adresse, en triomphant de la vertu de ma sœur. Hier soir, il me l'enleva, en l'emmenant de la maison d'une de nos parentes ; on dit même qu'elle avait récemment accouché.

Anoche lo supe y anoche le salí a buscar, y creo que le hallé y acuchillé; pero fue socorrido de algún ángel, que no consintió que con su sangre sacase la mancha de mi agravio. Hame dicho mi parienta, que es la que todo esto me ha dicho, que el duque engañó a mi hermana, debajo de palabra de recebirla por mujer. Esto yo no lo creo, por ser desigual el matrimonio en cuanto a los bienes de fortuna, que en los de naturaleza el mundo sabe la calidad de los Bentibollis de Bolonia. Lo que creo es que él se atuvo a lo que se atienen los poderosos que quieren atropellar una doncella temerosa y recatada, poniéndole a la vista el dulce nombre de esposo, haciéndola creer que por ciertos respectos no se desposa luego: mentiras aparentes de verdades, pero falsas y malintencionadas. Pero sea lo que fuere, yo me veo sin hermana y sin honra, puesto que todo esto hasta agora por mi parte lo tengo puesto debajo de la llave del silencio, y no he querido contar a nadie este agravio hasta ver si le puedo remediar y satisfacer en alguna manera; que las infamias mejor es que se presuman y sospechen que no que se sepan de cierto y distintamente, que entre el sí y el no de la duda, cada uno puede inclinarse a la parte que más quisiere, y cada una tendrá sus valedores. Finalmente, yo tengo determinado de ir a Ferrara y pedir al mismo duque la satisfación de mi ofensa, y si la negare, desafiarle sobre el caso; y esto no ha de ser con escuadrones de gente, pues no los puedo ni formar ni sustentar, sino de persona a persona,

Je le sus hier soir, et je sortis sur-le-champ à sa poursuite. Je crois même que je le rencontrai et l'attaquai l'épée à la main ; mais il fut secouru par quelque ange qui ne permit pas que je lavasse dans son sang la tache de mon outrage. Ma parente m'a dit, et c'est d'elle que je sais tout, que le duc a séduit ma sœur en lui donnant parole de la prendre pour épouse. Je ne crois point cela, parce que le mariage serait trop inégal quant aux biens de la fortune, car, quant à ceux de la nature, le monde connaît la qualité des Bentibolli de Bologne. Ce que je crois, c'est que le duc s'y est pris comme s'y prennent tous les puissants qui veulent triompher d'une jeune fille timide et vertueuse ; il aura fait briller à ses yeux le doux nom d'époux, en lui faisant accroire que certaines considérations l'empêchaient de se marier sur-le-champ : mensonge facile à prendre pour la vérité, mais trompeur et coupable. Quoi qu'il en soit, je me vois sans sœur et sans honneur, bien que j'aie tenu jusqu'à présent toute cette aventure sous la clef du silence, et que je n'aie voulu confier à personne l'outrage que j'ai reçu, avant de voir si je puis le réparer en quelque façon. Dans ces affaires de déshonneur, il vaut mieux laisser le monde présumer et soupçonner que l'instruire complètement. Entre le oui et le non du doute, chacun peut incliner du côté qui lui plaît et les deux opinions ont leurs défenseurs. Finalement, j'ai résolu d'aller à Ferrare pour demander au duc lui-même satisfaction de mon offense, et, s'il me la refuse, pour lui porter un défi. Ce ne sera point avec des escadrons armés, puisque je ne puis ni les réunir, ni les solder ; mais ce sera d'homme à homme.

para lo cual querría el ayuda de la vuestra y que me acompañásedes en este camino, confiado en que lo haréis por ser español y caballero, como ya estoy informado; y por no dar cuenta a ningún pariente ni amigo mío, de quien no espero sino consejos y disuasiones, y de vos puedo esperar los que sean buenos y honrosos, aunque rompan por cualquier peligro. Vos, señor, me habéis de hacer merced de venir conmigo, que, llevando un español a mi lado, y tal como vos me parecéis, haré cuenta que llevo en mi guarda los ejércitos de Jerjes. Mucho os pido, pero a más obliga la deuda de responder a lo que la fama de vuestra nación pregona.

—No más, señor Lorenzo —dijo a esta sazón don Juan (que hasta allí, sin interrumpirle palabra, le había estado escuchando)—, no más, que desde aquí me constituyo por vuestro defensor y consejero, y tomo a mi cargo la satisfación o venganza de vuestro agravio; y esto no sólo por ser español, sino por ser caballero y serlo vos tan principal como habéis dicho, y como yo sé y como todo el mundo sabe. Mirad cuándo queréis que sea nuestra partida; y sería mejor que fuese luego, porque el hierro se ha de labrar mientras estuviere encendido, y el ardor de la cólera acrecienta el ánimo, y la injuria reciente despierta la venganza.

Levantóse Lorenzo y abrazó apretadamente a don Juan, y dijo:

Pour cela, je voudrais votre assistance, je voudrais que vous m'accompagnassiez dans ce voyage ; et j'ai la confiance que vous ne me refuserez pas, étant Espagnol et gentilhomme, comme je m'en suis informé. D'ailleurs je ne veux confier mon dessein à aucun parent, à aucun ami, dont je n'attends que des conseils timides faits pour m'en dissuader, tandis que de vous, j'attends des avis sensés et honorables, que nul péril ne saurait influencer. Il faut, seigneur, que vous me fassiez la grâce de venir avec moi ; menant un Espagnol à mes côtés, et tel que vous me paraissez être, je compterai mener pour ma défense les armées de Xerxès. Je vous demande beaucoup, mais le devoir de répondre à ce que la renommée publie de votre nation exige encore davantage.

— Assez, seigneur Lorenzo, s'écria Don Juan, qui l'avait jusqu'alors écouté sans l'interrompre, n'allez pas plus loin. Désormais, je me constitue votre défenseur et votre conseiller, et je prends à ma charge la satisfaction ou la vengeance de votre affront. Ce n'est pas seulement parce que je suis Espagnol, mais parce que je suis gentilhomme, et que vous l'êtes aussi, noble comme vous l'avez dit, comme je le sais, et comme le sait tout le monde. Voyez, quand voulez-vous que nous partions ? Le mieux est que ce soit sans retard, car il faut battre le fer tant qu'il est chaud ; d'ailleurs le feu de la colère allume le courage, et l'injure récente éveille la vengeance. »

À ces mots, Lorenzo se leva et serra étroitement Don Juan dans ses bras :

—A tan generoso pecho como el vuestro, señor don Juan, no es menester moverle con ponerle otro interés delante que el de la honra que ha de ganar en este hecho, la cual desde aquí os la doy si salimos felicemente deste caso, y por añadidura os ofrezco cuanto tengo, puedo y valgo. La ida quiero que sea mañana, porque hoy pueda prevenir lo necesario para ella.

—Bien me parece —dijo don Juan—; y dadme licencia, señor Lorenzo, que yo pueda dar cuenta deste hecho a un caballero, camarada mía, de cuyo valor y silencio os podéis prometer harto más que del mío.

—Pues vos, señor don Juan, según decís, habéis tomado mi honra a vuestro cargo, disponed della como quisiéredes, y decid della lo que quisiéredes y a quien quisiéredes, cuanto más que camarada vuestra, ¿quién puede ser que muy bueno no sea?

Con esto se abrazaron y despidieron, quedando que otro día por la mañana le enviaría a llamar para que fuera de la ciudad se pusiesen a caballo y siguiesen disfrazados su jornada.

Volvió don Juan, y dio cuenta a don Antonio y a Cornélia de lo que con Lorenzo había pasado y el concierto que quedaba hecho.

—¡Válame Dios!—dijo Cornélia—; grande es, señor, vuestra cortesía y grande vuestra confianza. ¿Cómo,

« Pour un cœur aussi généreux que le vôtre, seigneur Don Juan, lui dit-il, il n'est pas nécessaire de l'exciter en faisant valoir d'autre intérêt que celui de l'honneur à gagner en pareil cas. Cet honneur, je vous l'assure dès maintenant, si nous sortons heureux de cette affaire, et je vous offre de plus tout ce que j'ai, tout ce que je puis, tout ce que je vaux. Notre départ aura lieu demain ; aujourd'hui je préparerai tout ce qui est nécessaire.

— J'en suis d'accord, répondit Don Juan ; mais permettez-moi, seigneur Lorenzo, de confier cette aventure à un gentilhomme, mon camarade, dont vous devez vous promettre plus de valeur et de discrétion que de moi-même.

— Seigneur Don Juan, répliqua Lorenzo, puisque vous avez pris, comme vous le dites, mon honneur à votre charge, disposez-en comme il vous plaira, parlez-en à qui et de la façon qu'il vous plaira. D'ailleurs, qui pourrait être votre camarade à moins d'être noble et bon ? »

Sur cela, ils s'embrassèrent et prirent congé l'un de l'autre, après être tombés d'accord que le lendemain matin Lorenzo enverrait appeler Don Juan, pour monter à cheval hors de la ville, et suivre leur chemin sous un déguisement.

Don Juan revint aussitôt chez lui ; il rendit compte à Don Antonio et à Cornélia de ce qui venait de lui arriver avec Lorenzo et de l'engagement qu'il avait pris.

« Sainte Marie ! s'écria Cornélia, votre courtoisie est grande, seigneur, ainsi que votre confiance. Comment !

y tan presto os habéis arrojado a emprender una hazaña llena de inconvenientes? ¿Y qué sabéis vos, señor, si os lleva mi hermano a Ferrara o a otra parte? Pero dondequiera que os llevare, bien podéis hacer cuenta que va con vos la fidelidad misma, aunque yo, como desdichada, en los átomos del sol tropiezo, de cualquier sombra temo; y ¿no queréis que tema, si está puesta en la respuesta del duque mi vida o mi muerte, y qué sé yo si responderá tan atentadamente que la cólera de mi hermano se contenga en los límites de su discreción? Y, cuando salga, ¿paréceos que tiene flaco enemigo? Y ¿no os parece que los días que tardáredes he de quedar colgada, temerosa y suspensa, esperando las dulces o amargas nuevas del suceso? ¿Quiero yo tan poco al duque o a mi hermano que de cualquiera de los dos no tema las desgracias y las sienta en el alma?

—Mucho discurrís y mucho teméis, señora Cornélia –dijo don Juan–; pero dad lugar entre tantos miedos a la esperanza y fiad en Dios, en mi industria y buen deseo, que habéis de ver con toda felicidad cumplido el vuestro. La ida de Ferrara no se escusa, ni el dejar de ayudar yo a vuestro hermano tampoco. Hasta agora no sabemos la intención del duque, ni tampoco si él sabe vuestra falta; y todo esto se ha de saber de su boca, y nadie se lo podrá preguntar como yo. Y entended, señora Cornélia, que la salud y contento de vuestro hermano y el del duque llevo puestos en las niñas de mis ojos: yo miraré por ellos como por ellas.

vous vous êtes si vite et de façon si téméraire engagé dans une entreprise remplie d'obstacles ! Mais que savez-vous, seigneur, si mon frère vous mène à Ferrare ou à quelque autre endroit ? Au reste, en quelque part qu'il vous mène, vous pouvez compter que la loyauté en personne vous accompagne. Pour moi, malheureuse, j'ai peur d'une ombre et je m'effraie d'un atome de lumière ; et comment voulez-vous que je ne tremble pas, quand la réponse du duc doit prononcer sur ma vie ou ma mort ? Sais-je même qu'il répondra assez modérément pour que la colère de mon frère se contienne dans les limites de sa discrétion ? Si elle s'en échappe, croyez-vous qu'il ait un faible adversaire ? Ne dois-je pas, les jours que vous tarderez à revenir, rester dans l'inquiétude et dans l'effroi, en attendant les douces ou amères nouvelles du résultat de l'entreprise ? Est-ce que j'aime assez peu le duc ou mon frère, pour n'avoir pas à craindre le malheur de l'un comme de l'autre, et pour ne pas le sentir au fond de l'âme ?

— Votre imagination va loin, madame Cornélia, dit Don Juan, et vos appréhensions sont excessives. Parmi tant de frayeurs, laissez quelque place à l'espérance, et fiez-vous à Dieu, à mon adresse, à mon bon désir, du soin de voir s'accomplir le vôtre avec bonheur. Le voyage de Ferrare ne peut s'éviter, et je ne puis me dispenser davantage de seconder votre frère. Jusqu'à présent, nous ne savons pas l'intention du duc, ni même s'il connaît votre fuite. Tout cela nous devons l'apprendre de sa bouche, et personne mieux que moi ne peut le lui demander. Comptez, madame, que le salut et la satisfaction de votre frère et du duc, je les porte, comme on dit, dans les prunelles de mes yeux.

—Si así os da el cielo, señor don Juan —respondió Cornélia—, poder para remediar como gracia para consolar, en medio destos mis trabajos me cuento por bien afortunada. Ya querría veros ir y volver, por más que el temor me aflija en vuestra ausencia o la esperanza me suspenda.

Don Antonio aprobó la determinación de don Juan y le alabó la buena correspondencia que en él había hallado la confianza de Lorenzo Bentibolli. Díjole más: que él quería ir a acompañarlos, por lo que podía suceder.

—Eso no —dijo don Juan—: así porque no será bien que la señora Cornélia quede sola, como porque no piense el señor Lorenzo que me quiero valer de esfuerzos ajenos.

—El mío es el vuestro mismo —replicó don Antonio—; y así, aunque sea desconocido y desde lejos, os tengo de seguir, que la señora Cornélia sé que gustará dello, y no queda tan sola que le falte quien la sirva, la guarde y acompañe.

A lo cual Cornélia dijo:

—Gran consuelo será para mí, señores, si sé que vais juntos, o a lo menos de modo que os favorezcáis el uno al otro si el caso lo pidiere; y, pues al que vais a mí se me semeja ser de peligro, hacedme merced, señores, de llevar estas reliquias con vosotros.

— Ah ! seigneur Don Juan, répondit Cornélia, si le Ciel vous donne autant de pouvoir pour remédier aux maux que de grâce pour en consoler, je dois, au milieu de mes peines, me tenir pour bien fortunée. Je voudrais déjà vous voir aller et revenir, quelque dures émotions que me donnent en votre absence l'espérance et la crainte. »

Don Antonio approuva la résolution de Don Juan, et loua la noble manière dont il avait répondu à la confiance de Lorenzo Bentibolli. Il ajouta même qu'il voulait les accompagner, dans le cas où sa présence deviendrait utile.

« Pour cela non, répondit Don Juan, tant parce qu'il serait mal de laisser seule madame Cornélia, qu'afin que le seigneur Lorenzo n'aille pas penser que je veux me prévaloir du bras d'autrui.

— Le mien est le vôtre même, répliqua Don Antonio. Aussi, dussé-je garder l'incognito et vous suivre de loin, encore vous suivrai-je. Je sais que madame Cornélia n'en sera point fâchée. D'ailleurs, elle ne reste pas tellement seule, qu'elle n'ait personne pour la servir, la garder et lui faire compagnie.

— Oh ! oui, reprit Cornélia, ce sera pour moi, seigneurs, une grande satisfaction de savoir que vous partez ensemble, ou du moins de façon que vous puissiez vous prêter mutuellement assistance, si le cas l'exigeait ; et, puisque l'entreprise me semble, à moi, périlleuse, faites-moi la grâce, seigneurs, de porter ces reliques avec vous. »

Y, diciendo esto, sacó del seno una cruz de diamantes de inestimable valor y un agnus de oro tan rico como la cruz. Miraron los dos las ricas joyas, y apreciáronlas aún más que lo que habían apreciado el cintillo; pero volviéronselas, no queriendo tomarlas en ninguna manera, diciendo que ellos llevarían reliquias consigo, si no tan bien adornadas, a lo menos en su calidad tan buenas. Pesóle a Cornélia el no aceptarlas, pero al fin hubo de estar a lo que ellos querían.

El ama tenía gran cuidado de regalar a Cornélia, y, sabiendo la partida de sus amos (de que le dieron cuenta, pero no a lo que iban ni adónde iban), se encargó de mirar por la señora, cuyo nombre aún no sabía, de manera que sus mercedes no hiciesen falta.

Otro día, bien de mañana, ya estaba Lorenzo a la puerta, y don Juan de camino con el sombrero del cintillo, a quien adornó de plumas negras y amarillas, y cubrió el cintillo con una toquilla negra. Despidióse de Cornélia, la cual, imaginando que tenía a su hermano tan cerca, estaba tan temerosa que no acertó a decir palabra a los dos, que della se despidieron.

Salió primero don Juan, y con Lorenzo se fue fuera de la ciudad, y en una huerta algo desviada hallaron dos muy buenos caballos, con dos mozos que de diestro los tenían. Subieron en ellos y, los mozos delante, por sendas y caminos desusados caminaron a Ferrara.

En disant cela, elle tira de son sein une croix de diamant d'inestimable valeur, et un *agnus* d'or, aussi riche que la croix. Les deux amis examinèrent ces précieux bijoux, et les estimèrent plus haut encore qu'ils n'avaient estimé la bourdaloue du chapeau ; mais il les lui rendirent, et ne voulurent les accepter en aucune façon, disant qu'ils portaient des reliques sur eux, sinon aussi richement ornées, au moins d'une égale efficacité. Cornélia regretta vivement de ne pouvoir leur faire accepter les siennes ; mais enfin elle dut se rendre à leur volonté.

La gouvernante avait grand soin de Cornélia, et sachant le départ de ses maîtres, qui le lui apprirent, mais non où ils allaient, ni ce qu'ils allaient faire, elle se chargea de veiller si bien sur la dame, dont elle ne savait pas même le nom, qu'on ne s'apercevrait point de l'absence de leurs grâces.

Le lendemain, de grand matin, Lorenzo était à la porte. Don Juan s'était mis en habits de voyage, avec le précieux chapeau qu'il avait orné de plumes noires et jaunes, et dont il avait caché la bourdaloue sous une ganse noire. Il alla prendre congé de Cornélia, qui, sachant son frère si près d'elle, était saisie d'une telle frayeur qu'elle ne put venir à bout d'adresser une seule parole aux deux amis qui lui disaient adieu.

Don Juan sortit le premier, et se rendit avec Lorenzo hors de la ville, où, dans un jardin écarté, ils trouvèrent deux bons chevaux avec deux valets qui les tenaient en main. Ils montèrent dessus, les valets prirent les devants, et par des sentiers peu battus ils cheminèrent du côté de Ferrare.

Don Antonio sobre un cuartago suyo, y otro vestido y disimulado, los seguía, pero parecióle que se recataban dél, especialmente Lorenzo; y así, acordó de seguir el camino derecho de Ferrara, con seguridad que allí los encontraría.

Apenas hubieron salido de la ciudad, cuando Cornélia dio cuenta al ama de todos sus sucesos, y de cómo aquel niño era suyo y del duque de Ferrara, con todos los puntos que hasta aquí se han contado tocantes a su historia, no encubriéndole cómo el viaje que llevaban sus señores era a Ferrara, acompañando a su hermano, que iba a desafiar al duque Alfonso. Oyendo lo cual el ama (como si el demonio se lo mandara, para intricar, estorbar o dilatar el remedio de Cornélia), dijo:

—¡Ay señora de mi alma! ¿Y todas esas cosas han pasado por vos y estáisos aquí descuidada y a pierna tendida? O no tenéis alma, o tenéisla tan desmazalada que no siente. ¿Cómo, y pensáis vos por ventura que vuestro hermano va a Ferrara? No lo penséis, sino pensad y creed que ha querido llevar a mis amos de aquí y ausentarlos desta casa para volver a ella y quitaros la vida, que lo podrá hacer como quien bebe un jarro de agua. Mirá debajo de qué guarda y amparo quedamos, sino en la de tres pajes, que harto tienen ellos que hacer en rascarse la sarna de que están llenos que en meterse en dibujos; a lo menos, de mí sé decir que no tendré ánimo para esperar el suceso y ruina que a esta casa amenaza.

Don Antonio les suivait, sur un bidet à lui, ayant changé de vêtement et dissimulant de son mieux ; mais il s'aperçut que Lorenzo le regardait avec défiance, et il résolut dès lors de suivre le grand chemin de Ferrare, bien sûr qu'il les retrouverait dans cette ville.

À peine les voyageurs eurent-ils quitté Bologne, que Cornélia raconta à la gouvernante toutes ses aventures ; elle lui avoua que cet enfant était à elle et au duc de Ferrare, et lui confia tous les détails de cette histoire qu'on a jusqu'à présent rapportés ; elle ne lui cacha pas davantage que le voyage de ses maîtres était à Ferrare, en compagnie de son frère, qui allait porter un défi au duc Alphonse. Quand la gouvernante eut entendu tout cela (comme si le démon lui en eût donné l'ordre pour embrouiller les choses et reculer la délivrance de Cornélia), elle lui dit :

« Comment ! dame de mon âme, toutes ces choses vous sont arrivées, et vous êtes là, sans souci, couchée sur le dos ! Ou vous n'avez point d'âme, ou vous l'avez comme un chiffon. Comment ! pensez-vous, par hasard, que votre frère va à Ferrare ? N'en croyez rien ; mais croyez et soyez sûre qu'il a voulu emmener mes maîtres d'ici et les éloigner de la maison, pour y revenir ensuite et vous ôter la vie. Il peut le faire, ma foi, comme boire un verre d'eau. Voyez un peu sous quelle garde nous restons, et qui nous avons pour nous défendre : trois pages qui ont plus à faire de se gratter la gale dont ils sont pleins, que de se mêler de choses qui ne les regardent pas. Pour moi, du moins, je puis dire que je n'aurai pas le courage d'attendre le ravage qui menace cette maison.

¡El señor Lorenzo, italiano, y que se fíe de españoles, y les pida favor y ayuda; para mi ojo si tal crea!–y diose ella misma una higa–; si vos, hija mía, quisiésedes tomar mi consejo, yo os le daría tal que os luciese.

Pasmada, atónita y confusa estaba Cornélia oyendo las razones del ama, que las decía con tanto ahínco y con tantas muestras de temor, que le pareció ser todo verdad lo que le decía, y quizá estaban muertos don Juan y don Antonio, y que su hermano entraba por aquellas puertas y la cosía a puñaladas; y así, le dijo:

–¿Y qué consejo me daríades vos, amiga, que fuese saludable y que previniese la sobrestante desventura?

–Y cómo que le daré, tal y tan bueno que no pueda mejorarse –dijo el ama–. Yo, señora, he servido a un piovano; a un cura, digo, de una aldea que está dos millas de Ferrara; es una persona santa y buena, y que hará por mí todo lo que yo le pidiere, porque me tiene obligación más que de amo. Vámonos allá, que yo buscaré quien nos lleve luego, y la que viene a dar de mamar al niño es mujer pobre y se irá con nosotras al cabo del mundo. Y ya, señora, que presupongamos que has de ser hallada, mejor será que te hallen en casa de un sacerdote de misa, viejo y honrado, que en poder de dos estudiantes, mozos y españoles; que los tales, como yo soy buen testigo, no desechan ripio.

Le seigneur Lorenzo, Italien, qui se confie à des Espagnols, qui leur demande aide et faveur ! Allons donc, qu'on me crève l'œil si j'en crois rien. » (Ce disant, elle se faisait à elle-même la figue en passant son pouce entre ses doigts.) « Mais si vous vouliez, ma fille, prendre mon conseil, je vous en donnerais un tel qu'il vous tirerait d'affaire. »

Cornélia était restée frappée de stupeur et d'effroi en écoutant les propos de la gouvernante, qui parlait avec tant de feu et montrait une telle frayeur, que la pauvre dame crut que tout ce qu'elle disait était la pure vérité. Elle s'imagina que Don Juan et Don Antonio étaient morts peut-être, que son frère passait déjà la porte, et qu'il la perçait à coups de poignard. Elle répondit donc :

« Et quel conseil me donneriez-vous, mon amie, qui fût salutaire, qui prévint cette prochaine catastrophe ?

— Je vous le donnerai si bel et si bon, reprit la gouvernante, qu'on ne saurait le rendre meilleur. Moi, madame, j'ai servi anciennement le curé d'un village qui est à deux milles de Ferrare. C'est une bonne et sainte personne, qui fera pour moi tout ce que je lui demanderai, car il n'a plus d'obligation que celle de l'avoir servi. Allons-nous-en là ; je vais chercher quelqu'un pour nous y conduire, et quand à celle qui vient faire téter l'enfant, c'est une pauvre femme qui nous suivra au bout du monde. Enfin, madame, en supposant que vous deviez être retrouvée, il vaut mieux qu'on vous rencontre chez un bon curé de village, vieux et honnête, qu'au pouvoir de deux jeunes étudiants espagnols, lesquels, comme j'en suis chaque jour témoin, ne laissent point échapper l'occasion.

Y agora, señora, como estás mala, te han guardado respecto; pero si sanas y convaleces en su poder, Dios lo podrá remediar, porque en verdad que si a mí no me hubieran guardado mis repulsas, desdenes y enterezas, ya hubieran dado conmigo y con mi honra al traste; porque no es todo oro lo que en ellos reluce: uno dicen y otro piensan; pero hanlo habido conmigo, que soy taimada y sé dó me aprieta el zapato; y sobre todo soy bien nacida, que soy de los Cribelos de Milán, y tengo el punto de la honra diez millas más allá de las nubes. Y en esto se podrá echar de ver, señora mía, las calamidades que por mí han pasado, pues con ser quien soy, he venido a ser masara de españoles, a quien ellos llaman ama; aunque a la verdad no tengo de qué quejarme de mis amos, porque son unos benditos, como no estén enojados.

En efeto, tantas y tales razones le dijo, que la pobre Cornélia se dispuso a seguir su parecer; y así, en menos de cuatro horas, disponiéndolo el ama y consintiéndolo ella, se vieron dentro de una carroza las dos y la ama del niño, y, sin ser sentidas de los pajes, se pusieron en camino para la aldea del cura; y todo esto se hizo a persuasión del ama y con sus dineros, porque había poco que la habían pagado sus señores un año de su sueldo, y así no fue menester empeñar una joya que Cornélia le daba. Y, como habían oído decir a don Juan que él y su hermano no habían de seguir el camino derecho de Ferrara, sino por sendas apartadas, quisieron ellas seguir el derecho, y poco a poco, por no encontrarse con ellos;

Maintenant que vous êtes malade, ils vous portent respect ; mais si vous reprenez la santé qui est dans leurs mains, Dieu fera bien de vous être en aide. Car, en vérité, si ma froideur et mes rebuffades ne m'eussent bien gardée, ils auraient déjà mis mon honneur à l'envers. Tout ce qui reluit en eux n'est pas en or. Ils disent blanc et font noir ; mais heureusement qu'ils ont affaire à moi. Je suis fine, et sais bien où le soulier me blesse. Mais surtout je suis bien née, car j'appartiens à la famille des Cribelli de Milan, et je porte la question de l'honneur à dix mille pieds au-dessus des nuages. Par-là vous pouvez voir, madame, quels malheurs j'ai essuyés, puisqu'étant qui je suis, me voilà réduite à être gouvernante d'Espagnols. Toutefois, je n'ai pas à me plaindre de mes maîtres, car ce sont deux petits anges, quand ils ne sont pas en colère. »

Enfin, elle lui en dit tant et de tant de façons que la pauvre Cornélia se disposa à suivre son avis. En moins de quatre heures, l'une se laissant faire, et l'autre disposant tout, elles se virent toutes deux dans un carrosse avec la nourrice de l'enfant ; puis, sans être aperçues des pages, elles se mirent en chemin pour le village du curé. Tout cela se fit à la persuasion de la gouvernante et avec son argent, car ses maîtres lui ayant payé une année de gages, il ne fut pas nécessaire d'engager un joyau que lui donnait Cornélia. Comme elles avaient ouï-dire à Don Juan que Lorenzo et lui ne se rendraient point à Ferrare par le droit chemin, mais par des sentiers détournés, elles voulurent prendre la grande route, et marcher doucement pour ne point les rencontrer.

y el dueño de la carroza se acomodó al paso de la voluntad de ellas porque le pagaron al gusto de la suya.

Dejémoslas ir, que ellas van tan atrevidas como bien encaminadas, y sepamos qué les sucedió a don Juan de Gamboa y al señor Lorenzo Bentibolli; de los cuales se dice que en el camino supieron que el duque no estaba en Ferrara, sino en Bolonia. Y así, dejando el rodeo que llevaban, se vinieron al camino real, o a la estrada maestra, como allá se dice, considerando que aquélla había de traer el duque cuando de Bolonia volviese. Y, a poco espacio que en ella habían entrado, habiendo tendido la vista hacia Bolonia por ver si por él alguno venía, vieron un tropel de gente de a caballo; y entonces dijo don Juan a Lorenzo que se desviase del camino, porque si acaso entre aquella gente viniese el duque, le quería hablar allí antes que se encerrase en Ferrara, que estaba poco distante. Hízolo así Lorenzo, y aprobó el parecer de don Juan.

Así como se apartó Lorenzo, quitó don Juan la toquilla que encubría el rico cintillo, y esto no sin falta de discreto discurso, como él después lo dijo. En esto, llegó la tropa de los caminantes, y entre ellos venía una mujer sobre una pía, vestida de camino y el rostro cubierto con una mascarilla, o por mejor encubrirse, o por guardarse del sol y del aire. Paró el caballo don Juan en medio del camino, y estuvo con el rostro descubierto a que llegasen los caminantes; y, en llegando cerca, el talle, el brío, el poderoso caballo, la bizarría del vestido

Le maître du carrosse fit à leur volonté, puisqu'elles le payaient suivant la sienne.

Laissons-les aller, puisqu'elles vont aussi bravement que bien dirigées, et sachons ce qui arriva au seigneur Lorenzo Bentibolli et à Don Juan de Gamboa. On dit qu'ils apprirent en chemin que le duc n'était point à Ferrare, mais à Bologne ; ainsi donc, cessant de faire des détours et des circuits, ils gagnèrent la grande route, considérant que c'était par là que reviendrait le duc au retour de Bologne. Un peu après qu'ils y furent arrivés, ayant jeté les yeux du côté de Bologne, pour voir si quelqu'un venait par là, ils aperçurent une grande troupe de gens à cheval. Alors Don Juan dit à Lorenzo de s'écarter du chemin, parce que, si par hasard le duc se trouvait au milieu de ces gens, il voulait lui parler avant qu'il rentrât à Ferrare, qui n'était qu'à une petite distance. Lorenzo approuva le conseil de Don Juan, et lui obéit. Dès qu'il se fut éloigné, Don Juan ôta la ganse noire qui couvrait la bourdaloue de diamant, non sans quelque imprudence, comme il l'avoua depuis.

En ce moment arriva la troupe des voyageurs. Parmi eux se trouvait une femme, montée sur un cheval pie, en habits de route, et le visage couvert d'un masque en taffetas, soit pour mieux se cacher, soit pour se garantir de l'air et du soleil. Don Juan arrêta son cheval au milieu du chemin, et resta, la figure découverte, attendant l'arrivée des voyageurs. Quand ceux-ci approchèrent, la bonne mine, le beau cheval, la riche parure du gentilhomme espagnol,

y las luces de los diamantes llevaron tras sí los ojos de cuantos allí venían: especialmente los del duque de Ferrara, que era uno dellos, el cual, como puso los ojos en el cintillo, luego se dio a entender que el que le traía era don Juan de Gamboa, el que le había librado en la pendencia; y tan de veras aprehendió esta verdad que, sin hacer otro discurso, arremetió su caballo hacia don Juan diciendo:

—No creo que me engañaré en nada, señor caballero, si os llamo don Juan de Gamboa, que vuestra gallarda disposición y el adorno dese capelo me lo están diciendo.

—Así es la verdad —respondió don Juan—, porque jamás supe ni quise encubrir mi nombre; pero decidme, señor, quién sois, por que yo no caiga en alguna descortesía.

—Eso será imposible —respondió el duque—, que para mí tengo que no podéis ser descortés en ningún caso. Con todo eso os digo, señor don Juan, que yo soy el duque de Ferrara y el que está obligado a serviros todos los días de su vida, pues no ha cuatro noches que vos se la distes.

No acabó de decir esto el duque cuando don Juan, con estraña ligereza, saltó del caballo y acudió a besar los pies del duque; pero, por presto que llegó, ya el duque estaba fuera de la silla, de modo que le acabó de apear en brazos don Juan. El señor Lorenzo,

et surtout l'éclat de ses diamants, attirèrent les regards de tous ceux qui venaient à lui, principalement du duc de Ferrare, qui se trouvait au milieu de la troupe. Dès que celui-ci eut jeté les yeux sur la bourdaloue, il imagina sur-le-champ que celui qui la portait était Don Juan de Gamboa, son libérateur dans le combat nocturne, et cette pensée lui parut si certaine que, sans plus de réflexion, il poussa son cheval à Don Juan.

« Je crois ne pas me tromper, lui dit-il, seigneur gentilhomme, si je vous appelle Don Juan de Gamboa ; votre bonne mine et l'ornement de ce chapeau me le disent assez.

— C'est vrai, répondit Don Juan, car jamais je n'ai su ni voulu cacher mon nom. Mais dites-moi, seigneur, qui vous êtes, afin que je ne commette point quelque impolitesse.

— Ce serait impossible, répliqua le duc, car je tiens pour avéré que vous ne pourrez être en aucun cas impoli. Toutefois, seigneur Don Juan, je dois vous dire que je suis le duc de Ferrare, celui qui est tenu de vous servir tous les jours de sa vie, car il n'y a pas quatre nuits que vous la lui avez donnée. »

Le duc n'avait pas achevé de dire ce peu de mots, que Don Juan sauta de cheval avec une extrême promptitude et courut baiser les pieds du duc. Mais, quelque hâte qu'il eût prise, le duc avait déjà quitté la selle, de façon qu'à la descente de l'étrier, Don Juan le reçut dans ses bras. Le seigneur Lorenzo,

que desde algo lejos miraba estas ceremonias, no pensando que lo eran de cortesía, sino de cólera, arremetió su caballo; pero en la mitad del repelón le detuvo, porque vio abrazados muy estrechamente al duque y a don Juan, que ya había conocido al duque. El duque, por cima de los hombros de don Juan, miró a Lorenzo y conocióle, de cuyo conocimiento algún tanto se sobresaltó, y así como estaba abrazado preguntó a don Juan si Lorenzo Bentibolli, que allí estaba, venía con él o no. A lo cual don Juan respondió:

—Apartémonos algo de aquí y contaréle a Vuestra Excelencia grandes cosas.

Hízolo así el duque y don Juan le dijo:

—Señor, Lorenzo Bentibolli, que allí veis, tiene una queja de vos no pequeña: dice que habrá cuatro noches que le sacastes a su hermana, la señora Cornélia, de casa de una prima suya, y que la habéis engañado y deshonrado, y quiere saber de vos qué satisfación le pensáis hacer, para que él vea lo que le conviene. Pidióme que fuese su valedor y medianero; yo se lo ofrecí, porque, por los barruntos que él me dio de la pendencia, conocí que vos, señor, érades el dueño deste cintillo, que por liberalidad y cortesía vuestra quisistes que fuese mío; y, viendo que ninguno podía hacer vuestras partes mejor que yo, como ya he dicho, le ofrecí mi ayuda. Querría yo agora, señor, me dijésedes lo que sabéis acerca deste caso y si es verdad lo que Lorenzo dice.

qui regardait de loin ces cérémonies, ne les attribuant point à la politesse, mais à la colère, lança aussitôt son cheval ; mais il le retint au milieu du premier élan, quand il vit serrés dans les bras l'un de l'autre le duc et Don Juan. Le duc aperçut Lorenzo par-dessus les épaules de Don Juan ; il le reconnut, et cette vue lui causant quelque émoi, il demanda à Don Juan, toujours serré sur sa poitrine, si Lorenzo Bentibolli, qui était là, venait ou non avec lui.

« Écartons-nous d'ici, répondit Don Juan, et je conterai de grandes choses à votre excellence. »

Le duc s'éloigna des siens, et Don Juan lui dit :

« Seigneur, Lorenzo Bentibolli, que vous voyez là, a contre vous un grief, et non petit. Il assure qu'il y a quatre nuits, vous avez enlevé sa sœur, madame Cornélia, de la maison d'une de ses cousines, et que vous l'avez trompée, déshonorée. Il veut savoir de vous quelle satisfaction vous pensez lui donner, pour qu'il voie ce qu'il lui convient de faire. Il m'a prié d'être son médiateur et son second. Je me suis offert de bon cœur pour ce rôle, car, sur quelques détails qu'il me donna du combat, je reconnus que vous étiez, seigneur, le maître de cette bourdaloue, dont votre libérale courtoisie a voulu que je restasse possesseur. Voyant donc que personne mieux que moi ne pouvait s'entremettre en cette affaire, je lui offris mon assistance. Maintenant je voudrais, seigneur, que vous me disiez ce que vous savez à ce sujet, et si Lorenzo a dit lui-même la vérité.

—¡Ay amigo! —respondió el duque—, es tan verdad que no me atrevería a negarla aunque quisiese; yo no he engañado ni sacado a Cornélia, aunque sé que falta de la casa que dice; no la he engañado, porque la tengo por mi esposa; no la he sacado, porque no sé della; si públicamente no celebré mis desposorios, fue porque aguardaba que mi madre (que está ya en lo último) pasase désta a mejor vida, que tiene deseo que sea mi esposa la señora Livia, hija del duque de Mantua, y por otros inconvenientes quizá más eficaces que los dichos, y no conviene que ahora se digan. Lo que pasa es que la noche que me socorristes la había de traer a Ferrara, porque estaba ya en el mes de dar a luz la prenda que ordenó el cielo que en ella depositase; o ya fuese por la riña, o ya por mi descuido, cuando llegué a su casa hallé que salía della la secretaria de nuestros conciertos. Preguntéle por Cornélia, díjome que ya había salido, y que aquella noche había parido un niño, el más bello del mundo, y que se le había dado a un Fabio, mi criado. La doncella es aquella que allí viene; el Fabio está aquí, y el niño y Cornélia no parecen. Yo he estado estos dos días en Bolonia, esperando y escudriñando oír algunas nuevas de Cornélia, pero no he sentido nada.

—Dese modo, señor —dijo don Juan—, cuando Cornélia y vuestro hijo pareciesen, ¿no negaréis ser vuestra esposa y él vuestro hijo?

— Ah ! mon ami, répondit le duc, c'est tellement la vérité que je n'aurais pas l'audace de la nier, si j'en avais l'envie. Je n'ai point trompé Cornélia, bien que je sache qu'elle a disparu de la maison dont vous parlez ; je ne l'ai point trompée, car je l'ai prise pour mon épouse ; je ne l'ai point enlevée, car je ne sais ce qu'elle est devenue. Si je n'ai pas publiquement célébré nos noces, c'est parce que j'attendais que ma mère, qui est mourante, eût passé de cette vie à une vie meilleure, afin de ne pas contrarier le désir qu'elle a que j'épouse Livia, fille du duc de Mantoue, et à cause d'autres obstacles, peut-être encore plus puissants que ceux-là, mais qu'il ne convient pas de révéler à présent. Voici ce qui est arrivé : la nuit que vous m'avez secouru, je devais l'emmener à Ferrare, parce qu'elle était dans le mois où devait venir au monde le gage que le Ciel avait accordé à notre amour. Mais, soit à cause du combat, soit à cause de mon retard, quand j'arrivai à la maison, je trouvai la confidente de nos secrets arrangements qui sortait. Je m'informai de Cornélia ; elle me répondit que sa maîtresse était déjà partie, après avoir accouchée cette nuit même d'un garçon, le plus beau du monde, et qu'elle l'avait remis à Fabio, l'un de mes gens. Cette femme est celle qui nous accompagne. Fabio est également ici. Mais l'enfant ni Cornélia n'ont été retrouvés. Je suis resté ces deux jours à Bologne, attendant et cherchant de toutes parts quelque nouvelle de Cornélia, mais je n'ai rien appris.

— De façon, seigneur, interrompit Don Juan, que si Cornélia et son fils viennent à paraître, vous ne nierez point que l'une est votre épouse, et l'autre votre fils ?

—No, por cierto; porque, aunque me precio de caballero, más me precio de cristiano; y más, que Cornélia es tal que merece ser señora de un reino. Pareciese ella, y viva o muera mi madre, que el mundo sabrá que si supe ser amante, supe la fe que di en secreto guardarla en público.

—Luego, ¿bien diréis —dijo don Juan— lo que a mí me habéis dicho a vuestro hermano el señor Lorenzo?

—Antes me pesa —respondió el duque— de que tarde tanto en saberlo.

Al instante hizo don Juan de señas a Lorenzo, que se apease y viniese donde ellos estaban, como lo hizo, bien ajeno de pensar la buena nueva que le esperaba. Adelantóse el duque a recebirle con los brazos abiertos, y la primera palabra que le dijo fue llamarle hermano.

Apenas supo Lorenzo responder a salutación tan amorosa ni a tan cortés recibimiento; y, estando así suspenso, antes que hablase palabra, don Juan le dijo:

—El duque, señor Lorenzo, confiesa la conversación secreta que ha tenido con vuestra hermana, la señora Cornélia. Confiesa asimismo que es su legítima esposa, y que, como lo dice aquí, lo dirá públicamente cuando se ofreciere. Concede, asimismo, que fue ha cuatro noches a sacarla de casa de su prima para traerla a Ferrara y aguardar coyuntura de celebrar sus bodas, que las ha dilatado por justísimas causas que me ha dicho.

— Non certes, répondit le duc ; car, bien que je me pique d'être gentilhomme, je me pique encore plus d'être chrétien. D'ailleurs Cornélia est telle qu'elle mérite la couronne d'un royaume. Elle n'a qu'à paraître, et, que ma mère meure ou survive, le monde saura que, si je sus être amant, je sais aussi garder en public la parole que j'ai donnée en secret.

— Vous direz donc volontiers, reprit Don Juan, ce que vous venez de me dire à votre frère, le seigneur Lorenzo ?

— Tout ce que je regrette, répondit le duc, c'est qu'il tarde tant à le savoir. »

À l'instant même, Don Juan fit signe à Lorenzo de mettre pied à terre et de venir les rejoindre. L'autre obéit, bien éloigné de croire à la bonne nouvelle qui l'attendait. Le duc s'avança, les bras ouverts, pour le recevoir, et la première parole qu'il lui adressa fut de l'appeler « frère ».

Lorenzo put à peine répondre à un accueil si courtois, à un salut si tendre. Tandis qu'il restait confondu, n'ayant pas encore prononcé un mot, Don Juan lui dit :

« Le duc, seigneur Lorenzo, confesse les rapports secrets qu'il a eus avec votre sœur, madame Cornélia ; il confesse aussi qu'elle est sa légitime épouse, et que, de même qu'il le dit ici, il le dira publiquement, quand le moment en sera venu. Il convient également qu'il alla, il y a quatre nuits, l'enlever de la maison de sa cousine pour la conduire à Ferrare, et attendre l'occasion favorable de célébrer ses noces, qu'il n'a retardées que par de très justes motifs dont il m'a fait confidence.

Dice, asimismo, la pendencia que con vos tuvo, y que cuando fue por Cornélia encontró con Sulpicia, su doncella, que es aquella mujer que allí viene, de quien supo que Cornélia no había una hora que había parido, y que ella dio la criatura a un criado del duque, y que luego Cornélia, creyendo que estaba allí el duque, había salido de casa medrosa, porque imaginaba que ya vos, señor Lorenzo, sabíades sus tratos. Sulpicia no dio el niño al criado del duque, sino a otro en su cambio. Cornélia no parece, él se culpa de todo, y dice que, cada y cuando que la señora Cornélia parezca, la recebirá como a su verdadera esposa. Mirad, señor Lorenzo, si hay más que decir ni más que desear si no es el hallazgo de las dos tan ricas como desgraciadas prendas.

A esto respondió el señor Lorenzo, arrojándose a los pies del duque, que porfiaba por levantarlo:

—De vuestra cristiandad y grandeza, serenísimo señor y hermano mío, no podíamos mi hermana y yo esperar menor bien del que a entrambos nos hacéis: a ella, en igualarla con vos, y a mí, en ponerme en el número de vuestro.

Ya en esto se le arrasaban los ojos de lágrimas, y al duque lo mismo, enternecidos, el uno, con la pérdida de su esposa, y el otro, con el hallazgo de tan buen cuñado; pero consideraron que parecía flaqueza dar muestras con lágrimas de tanto sentimiento,

Il raconte encore le combat qu'il eut à soutenir contre vous, et que, lorsqu'il alla chercher Cornélia, il rencontra Sulpicia, sa camériste, qui est cette femme mêlée dans ce groupe, de laquelle il apprit que Cornélia avait accouchée, il n'y avait pas une heure, qu'elle avait donné l'enfant nouveau-né à un serviteur du duc, et qu'aussitôt Cornélia, pensant que le duc était proche, s'était échappée de la maison, tout épouvantée, parce qu'elle croyait que vous connaissiez, seigneur Lorenzo, sa secrète intrigue. Sulpicia n'a point donné l'enfant à un serviteur du duc, mais à un autre à sa place ; Cornélia n'a point reparu ; le duc s'accuse de tout le mal, et dit qu'aussitôt que Cornélia sera retrouvée, il la reconnaîtra pour sa légitime épouse. Voyez, seigneur Lorenzo, s'il y a quelque chose de plus à dire, ou quelque chose de plus à désirer, si ce n'est la découverte de ces deux titres aussi chers qu'infortunés. »

Le seigneur Lorenzo répondit, en se jetant aux pieds du duc, qui s'efforçait de le relever :

« De votre grandeur et de vos sentiments chrétiens, sérénissime seigneur et frère, nous ne pouvions, ma sœur et moi, espérer un moindre bienfait que celui dont vous nous comblez tous deux, elle, en l'égalant à vous, moi, en m'élevant au rang des vôtres. »

En disant cela, les larmes lui venaient aux yeux, et le duc aussi sentait se mouiller les siens, attendris tous deux, l'un d'avoir perdu son épouse, l'autre d'avoir trouvé un si noble beau-frère. Mais s'apercevant qu'il y aurait faiblesse à témoigner leur attendrissement par des pleurs,

las reprimieron y volvieron a encerrar en los ojos, y los de don Juan, alegres, casi les pedían las albricias de haber parecido Cornélia y su hijo, pues los dejaba en su misma casa.

En esto estaban, cuando se descubrió don Antonio de Isunza, que fue conocido de don Juan en el cuartago desde algo lejos; pero cuando llegó cerca se paró y vio los caballos de don Juan y de Lorenzo, que los mozos tenían de diestro y acullá desviados. Conoció a don Juan y a Lorenzo, pero no al duque, y no sabía qué hacerse, si llegaría o no adonde don Juan estaba. Llegándose a los criados del duque, les preguntó si conocían aquel caballero que con los otros dos estaba, señalando al duque. Fuele respondido ser el duque de Ferrara, con que quedó más confuso y menos sin saber qué hacerse, pero sacóle de su perplejidad don Juan, llamándole por su nombre. Apeóse don Antonio, viendo que todos estaban a pie, y llegóse a ellos; recibióle el duque con mucha cortesía, porque don Juan le dijo que era su camarada. Finalmente, don Juan contó a don Antonio todo lo que con el duque le había sucedido hasta que él llego. Alegróse en estremo don Antonio, y dijo a don Juan:

—¿Por qué, señor don Juan, no acabáis de poner la alegría y el contento destos señores en su punto, pidiendo las albricias del hallazgo de la señora Cornélia y de su hijo?

ils parvinrent à les retenir, tandis que les yeux de Don Juan, plein d'allégresse, leur annonçaient en quelque sorte que Cornélia et son fils étaient retrouvés, puisqu'il les avait laissés dans sa propre maison.

Sur ces entrefaites, on aperçut Don Antonio de Isunza, que Don Juan reconnut d'assez loin à son cheval. Quand il se fut approché du groupe, il s'arrêta, et vit les chevaux de Lorenzo et de Don Juan, que les valets de pied tenaient par la bride à l'écart. Il reconnut Don Juan et Lorenzo, mais non le duc, et ne savait que faire, incertain s'il irait ou non rejoindre Don Juan. S'étant approché des gens du duc, il leur demanda, en montrant le duc lui-même, s'ils connaissaient ce gentilhomme qui était avec les deux autres. On lui répondit que c'était le duc de Ferrare, ce qui ne fit qu'accroître son embarras et sa perplexité. Enfin Don Juan l'en tira, en l'appelant par son nom. Don Antonio descendit de cheval, voyant qu'ils étaient tous à pied, et s'approcha d'eux. Le duc l'accueillit avec beaucoup de politesse, Don Juan lui ayant dit que c'était son camarade. Finalement, celui-ci conta à Don Antonio tout ce qui leur était arrivé avec le duc, jusqu'à ce qu'il les eût rejoints. Don Antonio s'en réjouit beaucoup, et dit à Don Juan :

« Pourquoi, seigneur Don Juan, n'achevez-vous pas de porter à son comble la joie, le bonheur de ces gentilshommes, en leur annonçant que Cornélia et son fils sont retrouvés ?

—Si vos no llegárades, señor don Antonio, yo las pidiera; pero pedidlas vos, que yo seguro que os las den de muy buena gana.

Como el duque y Lorenzo oyeron tratar del hallazgo de Cornélia y de albricias, preguntaron qué era aquello.

—¿Qué ha de ser —respondió don Antonio— sino que yo quiero hacer un personaje en esta trágica comedia, y ha de ser el que pide las albricias del hallazgo de la señora Cornélia y de su hijo, que quedan en mi casa?

Y luego les contó punto por punto todo lo que hasta aquí se ha dicho, de lo cual el duque y el señor Lorenzo recibieron tanto placer y gusto, que don Lorenzo se abrazó con don Juan y el duque con don Antonio. El duque prometió todo su estado en albricias, y el señor Lorenzo su hacienda, su vida y su alma. Llamaron a la doncella que entregó a don Juan la criatura, la cual, habiendo conocido a Lorenzo, estaba temblando. Preguntáronle si conocería al hombre a quien había dado el niño; dijo que no, sino que ella le había preguntado si era Fabio, y él había respondido que sí, y con esta buena fe se le había entregado.

—Así es la verdad —respondió don Juan—; y vos, señora, cerrastes la puerta luego, y me dijistes que la pusiese en cobro y diese luego la vuelta.

— Si vous n'étiez point arrivé, seigneur Don Antonio, répondit Don Juan, je l'aurais déjà fait ; mais annoncez-leur vous-même cette bonne nouvelle, je suis sûr qu'ils vous en sauront gré. »

Comme le duc et Lorenzo entendirent parler de bonne nouvelle et de Cornélia retrouvée, ils demandèrent ce que cela voulait dire.

« Rien d'autre, répondit Don Antonio, sinon que je veux faire aussi un personnage dans cette tragi-comédie ; ce sera le rôle de celui qui vient demander ses étrennes pour avoir retrouvé madame Cornélia et son fils. Ils sont tous deux dans ma maison. »

Là-dessus, il se mit à leur conter en détail tout ce qu'on a jusqu'ici rapporté. Le duc et Lorenzo en éprouvèrent une joie si vive que Lorenzo embrassa Don Juan et le duc Don Antonio. Le duc promettait tout son état pour étrennes[1], et Lorenzo, sa fortune, sa vie, son âme. Ils appelèrent la cameriste qui avait remis à Don Juan l'enfant nouveau-né, laquelle, ayant reconnu Lorenzo, était toute tremblante. On lui demanda si elle reconnaîtrait bien l'homme à qui elle avait donné l'enfant.

« Non, répondit-elle ; je lui demandai seulement s'il était Fabio, et comme il me répondit que oui, je lui livrai l'enfant sans concevoir aucun doute.

— Cela est vrai, ajouta Don Juan ; et vous, madame, vous avez aussitôt fermé la porte, en me disant de mettre l'enfant en sûreté, et de revenir sur-le-champ.

---

1. *Albricias*, cadeau fait à ceux qui apportent une bonne nouvelle.

—Así es, señor —respondió la doncella llorando.

Y el duque dijo:

—Ya no son menester lágrimas aquí, sino júbilos y fiestas. El caso es que yo no tengo de entrar en Ferrara, sino dar la vuelta luego a Bolonia, porque todos estos contentos son en sombra hasta que los haga verdaderos la vista de Cornélia.

Y sin más decir, de común consentimiento, dieron la vuelta a Bolonia.

Adelantóse don Antonio para apercebir a Cornélia, por no sobresaltarla con la improvisa llegada del duque y de su hermano; pero, como no la halló ni los pajes le supieron decir nuevas della, quedó el más triste y confuso hombre del mundo; y, como vio que faltaba el ama, imaginó que por su industria faltaba Cornélia. Los pajes le dijeron que faltó el ama el mismo día que ellos habían faltado, y que la Cornélia por quien preguntaba nunca ellos la vieron. Fuera de sí quedó don Antonio con el no pensado caso, temiendo que quizá el duque los tendría por mentirosos o embusteros, o quizá imaginaría otras peores cosas que redundasen en perjuicio de su honra y del buen crédito de Cornélia.

— C'est cela même, seigneur, reprit la camériste éplorée.

Et le duc ajouta :

— Allons, les larmes ne sont plus de saison, mais bien l'allégresse et les réjouissances. En tout cas, je ne veux pas entrer à Ferrare, je veux retourner immédiatement à Bologne, car toutes ces joies ne sont que des ombres de bonheur, tant que la vue de Cornélia ne leur aura pas rendu a réalité. »

Sans parler davantage, toute la troupe, d'un commun accord, reprit le chemin de Bologne.

Don Antonio prit les devants pour préparer Cornélia, afin que la vue soudaine du duc et de son frère ne lui causât pas une trop vive émotion. Mais, ne la trouvant point, et les pages ne pouvant lui dire ce qu'elle était devenue, il se trouva l'homme le plus triste et le plus embarrassé du monde. Quand il vit que la gouvernante avait également disparu, il imagina que c'était elle qui avait fait disparaître Cornélia. Les pages lui dirent que la gouvernante s'en était allée le jour même du départ de ses maîtres, et que, quant à la Cornélia dont il s'informait, ils ne l'avaient jamais vue. À cet événement inattendu, Don Antonio resta hors de lui, craignant que le duc n'aillât les prendre pour des menteurs et des fourbes, ou n'imaginât même quelque chose de pire encore, qui compromît leur honneur et celui de Cornélia.

En esta imaginación estaba, cuando entraron el duque, y don Juan y Lorenzo, que por calles desusadas y encubiertas, dejando la demás gente fuera de la ciudad, llegaron a la casa de don Juan, y hallaron a don Antonio sentado en una silla, con la mano en la mejilla y con una color de muerto.

Preguntóle don Juan qué mal tenía y adónde estaba Cornélia.

Respondió don Antonio:

—¿Qué mal queréis que no tenga? Pues Cornélia no parece, que con el ama que le dejamos para su compañía, el mismo día que de aquí faltamos, faltó ella.

Poco le faltó al duque para espirar, y a Lorenzo para desesperarse, oyendo tales nuevas. Finalmente, todos quedaron turbados, suspensos e imaginativos. En esto, se llegó un paje a don Antonio y al oído le dijo:

—Señor, Santisteban, el paje del señor don Juan, desde el día que vuesas mercedes se fueron, tiene una mujer muy bonita encerrada en su aposento, y yo creo que se llama Cornélia, que así la he oído llamar.

Alborotóse de nuevo don Antonio, y más quisiera que no hubiera parecido Cornélia, que sin duda pensó que era la que el paje tenía escondida, que no que la hallaran en tal lugar. Con todo eso no dijo nada, sino callando se fue al aposento del paje, y halló cerrada la puerta y que el paje no estaba en casa. Llegóse a la puerta y dijo con voz baja:

Il était plongé dans ces tristes pensées, quand le duc entra avec Don Juan et Lorenzo, lesquels, ayant laissé leurs gens hors de la ville, avaient gagné par des rues écartées la maison de Don Juan. Ils trouvèrent Don Antonio assis sur une chaise, la joue sur la main, et pâle comme un mort.

Don Juan lui demanda aussitôt quel mal il avait, et où était Cornélia.

Don Antonio répondit :

« Quel mal voulez-vous que je n'aie point, puisque Cornélia est disparue ? Le jour même où nous sommes partis d'ici, elle est partie avec la gouvernante que nous avions laissée pour sa garde. »

Peu s'en fallut, en recevant de semblables nouvelles, que le duc et Lorenzo n'expirassent de désespoir. Ils demeurèrent tous dans le trouble, la tristesse et la désolation. En ce moment, un des pages s'approcha de Don Antonio, et lui dit à l'oreille :

« Seigneur, depuis le jour que vous êtes partis, Santisteban, le page du seigneur Don Juan, tient enfermée dans sa chambre une très jolie femme. Je crois qu'elle s'appelle Cornélia, car je lui ai entendu donner ce nom. »

Don Antonio se troubla de nouveau, et certes il aurait mieux aimé qu'on n'eût point retrouvé Cornélia (car il s'imaginait que c'était elle que le page tenait sous clef) que de la retrouver en un tel endroit. Toutefois, et sans répondre un mot, il monta à la chambre du page ; mais il trouva la porte fermée, car le page était sorti de la maison. Il s'approcha de la porte, et dit à voix basse :

—Abrid, señora Cornélia, y salid a recebir a vuestro hermano y al duque vuestro esposo, que vienen a buscaros.

Respondiéronle de dentro:

—¿Hacen burla de mí? Pues en verdad que no soy tan fea ni tan desechada que no podían buscarme duques y condes, y eso se merece la presona que trata con pajes.

Por las cuales palabra entendió don Antonio que no era Cornélia la que respondía. Estando en esto, vino Santisteban el paje, y acudió luego a su aposento, y, hallando allí a don Antonio, que pedía que le trujesen las llaves que había en casa, por ver si alguna hacía a la puerta, el paje, hincado de rodillas y con la llave en la mano, le dijo:

—El ausencia de vuesas mercedes, y mi bellaquería, por mejor decir, me hizo traer una mujer estas tres noches a estar conmigo. Suplico a vuesa merced, señor don Antonio de Isunza, así oiga buenas nuevas de España, que si no lo sabe mi señor don Juan de Gamboa que no se lo diga, que yo la echaré al momento.

—¿Y cómo se llama la tal mujer? —preguntó don Antonio.

—Llámase Cornélia —respondió el paje.

El paje que había descubierto la celada, que no era muy amigo de Santisteban, ni se sabe si simplemente o con malicia, bajó donde estaban el duque, don Juan y Lorenzo, diciendo:

« Ouvrez, madame Cornélia, et venez recevoir votre frère et le duc votre époux, qui viennent vous chercher.

— Est-ce qu'on se moque de moi ? répondit-on du dedans. En vérité, je ne suis ni si laide, ni si passée, que des ducs et des comtes ne puissent me chercher. C'est ce que mérite une personne qui fréquente des pages. »

À ces paroles, Don Antonio reconnut que ce n'était point Cornélia qui répondait. Sur ces entrefaites, Santisteban le page revint à la maison, et courut à sa chambre. Quand il trouva là Don Antonio, qui demandait qu'on lui apportât toutes les clefs de la maison pour voir si quelqu'une irait à la serrure, il se jeta à deux genoux, et s'écria, tenant la clef à la main :

« L'absence de vos grâces, et une tentation du diable, c'est le moins qu'on puisse dire, m'a fait amener cette femme qui a passé ces trois nuits auprès de moi. Je supplie votre grâce, seigneur Don Antonio de Isunza (puissiez-vous recevoir de bonnes nouvelles d'Espagne !) de ne rien dire, s'il ne sait rien, à mon seigneur Don Juan de Gamboa ; je vais la chasser à l'instant même.

— Et comment s'appelle cette femme ? demanda Don Antonio.

— Elle s'appelle Cornélia, » répondit le page.

En ce moment, le page qui avait découvert la cachette, et qui n'était pas fort ami de Santisteban, descendit où se trouvaient le duc, Don Juan et Lorenzo, et se mit à dire, soit par simplicité, soit par malice :

—Tómame el paje, por Dios, que le han hecho gormar a la señora Cornélia; escondidita la tenía; a buen seguro que no quisiera él que hubieran venido los señores para alargar más el gaudeamus tres o cuatro días más.

Oyó esto Lorenzo y preguntóle:

—¿Qué es lo que decís, gentilhombre? ¿Dónde está Cornélia?

—Arriba —respondió el paje.

Apenas oyó esto el duque, cuando como un rayo subió la escalera arriba a ver a Cornélia, que imaginó que había parecido, y dio luego con el aposento donde estaba don Antonio, y, entrando, dijo:

—¿Dónde está Cornélia, adónde está la vida de la vida mía?

—Aquí está Cornélia —respondió una mujer que estaba envuelta en una sábana de la cama y cubierto el rostro, y prosiguió diciendo—: ¡Válamos Dios! ¿Es éste algún buey de hurto? ¿Es cosa nueva dormir una mujer con un paje, para hacer tantos milagrones?

Lorenzo, que estaba presente, con despecho y cólera tiró de un cabo de la sábana y descubrió una mujer moza y no de mal parecer, la cual, de vergüenza, se puso las manos delante del rostro y acudió a tomar sus vestidos, que le servían de almohada, porque la cama no la tenía, y en ellos vieron que debía de ser alguna pícara de las perdidas del mundo.

« Attrape, beau page ! Pardieu, on lui a fait rendre madame Cornélia. Il la tenait bien cachée, et n'aurait pas mieux demandé que les maîtres ne revinssent pas si vite, pour allonger le *gaudeamus* de trois ou quatre jours. »

Lorenzo entendit ce propos :

« Que dites-vous là, mon gentilhomme ? demanda-t-il ; où est Cornélia ?

— En haut, » répondit le page.

Le duc eut à peine entendu cette réponse qu'il partit comme un éclair, et monta l'escalier quatre à quatre pour voir Cornélia, s'imaginant qu'elle était retrouvée. Il se précipita dans la chambre où était Don Antonio, et dit en entrant :

« Où est Cornélia ? Où est la vie de ma vie ?

— La voici, Cornélia, répondit une femme qui était roulée dans les draps du lit, le visage caché. Par sainte Marie ! est-ce qu'il s'agit du vol d'un bœuf ? Est-ce une chose si nouvelle qu'une femme couche avec un page, pour qu'on en fasse tant de bruit et d'exclamations ? »

Lorenzo, qui se trouvait présent, tirant les draps par un coin, dans son dépit et sa colère, découvrit une femme, jeune et d'assez bonne mine, laquelle, toute honteuse, se mit les mains devant le visage, puis saisit ses vêtements qui lui servaient d'oreiller, et par lesquels on reconnut que c'était quelqu'une de ces femmes perdues qui courent le monde.

Preguntóle el duque que si era verdad que se llamaba Cornélia; respondió que sí y que tenía muy honrados parientes en la ciudad, y que nadie dijese «desta agua no beberé». Quedó tan corrido el duque, que casi estuvo por pensar si hacían los españoles burla dél; pero, por no dar lugar a tan mala sospecha, volvió las espaldas, y, sin hablar palabra, siguiéndole Lorenzo, subieron en sus caballos y se fueron, dejando a don Juan y a don Antonio harto más corridos que ellos iban; y determinaron de hacer las diligencias posibles y aun imposibles en buscar a Cornélia, y satisfacer al duque de su verdad y buen deseo. Despidieron a Santisteban por atrevido, y echaron a la pícara Cornélia, y en aquel punto se les vino a la memoria que se les había olvidado de decir al duque las joyas del agnus y la cruz de diamantes que Cornélia les había ofrecido, pues con estas señas creería que Cornélia había estado en su poder y que si faltaba, no había estado en su mano. Salieron a decirle esto, pero no le hallaron en casa de Lorenzo, donde creyeron que estaría. A Lorenzo sí, el cual les dijo que, sin detenerse un punto, se había vuelto a Ferrara, dejándole orden de buscar a su hermana.

Dijéronle lo que iban a decirle, pero Lorenzo les dijo que el duque iba muy satisfecho de su buen proceder, y que entrambos habían echado la falta de Cornélia

« Est-il vrai, lui demanda le duc, que vous vous appelez Cornélia ?

— Oui, répondit-elle ; j'ai d'honnêtes parents dans la ville, et personne ne doit dire : *Je ne boirai pas de cette eau.* »

Le duc fut si honteux, si confondu, qu'il se demanda presque si les Espagnols se moquaient de lui. Mais, pour ne pas donner accès à un si odieux soupçon, il tourna le dos, et sans mot dire, suivi de Lorenzo, il monta à cheval et s'en alla, laissant Don Juan et Don Antonio plus confondus encore qu'il ne l'était lui-même.

Ceux-ci résolurent de faire toutes les démarches possibles, et même impossibles, pour trouver Cornélia, et prouver au duc leur sincérité et la bonne volonté qui les animait. Ils congédièrent Santisteban, pour sa hardiesse, et mirent à la porte Cornélia la coquine. En ce moment, ils se souvinrent qu'ils avaient oublié de parler au duc du riche *agnus* et de la croix en diamants que leur avait offerts Cornélia. À ces enseignes, le duc aurait cru que Cornélia avait été en leur pouvoir, et que, si elle avait disparu, ce n'était pas leur faute. Ils sortirent aussitôt pour réparer cet oubli, mais ils ne trouvèrent point le duc dans la maison de Lorenzo, où ils croyaient qu'il serait encore. Pour Lorenzo, il était chez lui, et il leur dit que, sans s'arrêter un instant, le duc était retourné à Ferrare, en lui laissant l'ordre de chercher sa sœur.

Les deux amis lui dirent ce qui les amenait ; mais Lorenzo leur assura que le duc était très satisfait de leur noble façon d'agir, et que tous deux avaient jeté la faute de Cornélia

a su mucho miedo, y que Dios sería servido de que pareciese, pues no había de haber tragado la tierra al niño y al ama y a ella. Con esto se consolaron todos y no quisieron hacer la inquisición de buscalla por bandos públicos, sino por diligencias secretas, pues de nadie sino de su prima se sabía su falta; y entre los que no sabían la intención del duque correría riesgo el crédito de su hermana si la pregonasen, y ser gran trabajo andar satisfaciendo a cada uno de las sospechas que una vehemente presumpción les infunde.

Siguió su viaje el duque, y la buena suerte, que iba disponiendo su ventura, hizo que llegase a la aldea del cura, donde ya estaban Cornélia, el niño y su ama y la consejera; y ellas le habían dado cuenta de su vida y pedídole consejo de lo que harían.

Era el cura grande amigo del duque, en cuya casa, acomodada a lo de clérigo rico y curioso, solía el duque venirse desde Ferrara muchas veces, y desde allí salía a caza, porque gustaba mucho, así de la curiosidad del cura como de su donaire, que le tenía en cuanto decía y hacía. No se alborotó por ver al duque en su casa, porque, como se ha dicho, no era la vez primera; pero descontentóle verle venir triste, porque luego echó de ver que con alguna pasión traía ocupado el ánimo.

sur sa frayeur extrême, ajoutant que Dieu permettrait sans doute qu'elle reparût, puisque la terre n'avait pas dévoré elle, l'enfant et la gouvernante. Ces confidences les consolèrent tous. Ils ne voulurent pas faire de perquisitions par le moyen de bans publics, mais seulement de secrètes démarches, puisque personne, hormis sa cousine, ne savait la disparition de Cornélia. Parmi ceux qui ne connaissaient pas les intentions du duc, sa réputation eût couru grand risque si on l'avait publiquement réclamée, et c'eût été un travail infini que d'effacer dans l'esprit de chacun les soupçons que leur aurait donnés une présomption puissante.

Le duc continua son voyage, et la bonne fortune, qui disposait tout maintenant pour son bonheur, le fit arriver au village du curé chez lequel étaient déjà réfugiés Cornélia, l'enfant, la nourrice et la conseillère. Ces femmes lui avaient raconté leur histoire et demandé conseil sur ce qu'il y avait à faire.

Le curé était fort ami du duc, tellement que, dans sa maison, arrangée à la manière d'un prêtre riche et amateur des beaux-arts, le duc venait souvent de Ferrare pour se livrer à la chasse. Il aimait beaucoup la société de ce prêtre, tant à cause de son goût pour les choses curieuses que de son esprit et de l'agrément qu'il savait mettre à tout ce qu'il disait ou faisait. Le curé ne fut donc point surpris de voir le duc venir à son presbytère, puisque, ainsi qu'on l'a dit, ce n'était pas la première fois ; mais ce qui le fâcha, ce fut de lui voir un visage triste ; et il reconnut sur-le-champ que son cœur était agité de quelque passion.

Entreoyó Cornélia que el duque de Ferrara estaba allí y turbóse en estremo, por no saber con qué intención venía; torcíase las manos y andaba de una parte a otra, como persona fuera de sentido. Quisiera hablar Cornélia al cura, pero estaba entreteniendo al duque y no tenía lugar de hablarle.

El duque le dijo:

–Yo vengo, padre mío, tristísimo, y no quiero hoy entrar en Ferrara, sino ser vuestro huésped; decid a los que vienen conmigo que pasen a Ferrara y que sólo se quede Fabio.

Hízolo así el buen cura, y luego fue a dar orden cómo regalar y servir al duque; y con esta ocasión le pudo hablar Cornélia, la cual, tomándole de las manos, le dijo:

–¡Ay, padre y señor mío! Y ¿qué es lo que quiere el duque? Por amor de Dios, señor, que le dé algún toque en mi negocio, y procure descubrir y tomar algún indicio de su intención; en efeto, guíelo como mejor le pareciere y su mucha discreción le aconsejare.

A esto le respondió el cura:

–El duque viene triste; hasta agora no me ha dicha la causa. Lo que se ha de hacer es que luego se aderece ese niño muy bien, y ponedle, señora, las joyas todas que tuviéredes, principalmente las que os hubiere dado el duque, y dejadme hacer, que yo espero en el cielo que hemos de tener hoy un buen día.

Pour Cornélia, ayant entr'ouï que le duc de Ferrare était là, elle fut saisie d'un trouble extrême, car elle ne savait point quelle intention l'amenait. Elle se tordait les mains, et courait de côté et d'autre comme une personne qui a perdu l'esprit. Cornélia aurait voulu parler au curé ; mais il entretenait le duc, et l'on ne pouvait l'aborder.

Le duc lui dit :

« Je viens plein de tristesse, mon père, et ne veux point aujourd'hui rentrer à Ferrare ; je serai votre hôte. Dites à ceux qui m'accompagnent de se rendre à Ferrare, et que Fabio reste seul avec moi. »

Le bon prêtre obéit aussitôt, puis alla donner ses instructions pour qu'on reçut le duc convenablement. Ce fut pour Cornélia une occasion de lui parler ; elle le prit par les mains, et lui dit :

« Ah ! mon père et seigneur, qu'est-ce que veut le duc ? Par amour de Dieu, touchez un mot de mon affaire, et tâchez de découvrir ses intentions ; enfin, menez la chose du mieux qu'il vous semblera, et suivant les inspirations de votre grande habileté.

— Le duc est triste, répondit le curé, et, jusqu'à présent, il ne m'a pas dit la cause de sa tristesse. Ce qu'il faut faire, c'est habiller et parer cet enfant. Mettez-lui, madame, tous les joyaux que vous aurez, principalement ceux que vous a donnés le duc ; puis, laissez-moi faire ; j'espère qu'aujourd'hui le Ciel nous donnera un heureux jour. »

Abrazóle Cornélia y besóle la mano, y retiróse a aderezar y componer el niño.

El cura salió a entretener al duque en tanto que se hacía hora de comer, y en el discurso de su plática preguntó el cura al duque si era posible saberse la causa de su melancolía, porque sin duda de una legua se echaba de ver que estaba triste.

–Padre –respondió el duque–, claro está que las tristezas del corazón salen al rostro; en los ojos se lee la relación de lo que está en el alma, y lo que peor es, que por ahora no puedo comunicar mi tristeza con nadie.

–Pues en verdad, señor –respondió el cura–, que si estuviérades para ver cosas de gusto, que os enseñara yo una, que tengo para mí que os le causara y grande.

–Simple sería –respondió el duque– aquél que, ofreciéndole el alivio de su mal, no quisiese recebirle. Por vida mía, padre, que me mostréis eso que decís, que debe de ser alguna de vuestras curiosidades, que para mí son todas de grandísimo gusto.

Levantóse el cura y fue donde estaba Cornélia, que ya tenía adornado a su hijo y puéstole las ricas joyas de la cruz y del agnus, con otras tres piezas preciosísimas, todas dadas del duque a Cornélia; y, tomando al niño entre sus brazos, salió adonde el duque estaba, y, diciéndole que se levantase y se llegase a la claridad de una ventana,

Cornélia l'embrassa, lui baisa la main, et s'en alla parer l'enfant.

Le curé revint entretenir le duc, en attendant l'heure du dîner ; et dans le cours de la conversation, il lui demanda s'il serait possible de savoir la cause de sa mélancolie, car on reconnaissait d'une lieue qu'il était profondément affligé.

« Il est vrai, père, répondit le duc, que la tristesse du cœur monte au visage, et qu'on lit dans les yeux ce que souffre l'âme. Le pire est que je ne puis à présent confier à personne le sujet de ma tristesse.

— Eh bien ! en vérité, seigneur, reprit le curé, si vous étiez en état de voir des choses précieuses et récréatives, je vous en montrerais une qui, j'en suis sûr, vous ferait grand plaisir.

— Celui-là serait bien simple, répondit le duc qui, lorsqu'on lui offre un soulagement à ses maux, refuserait de l'accepter. Par ma vie ! père, montrez-moi ce que vous dites ; ce doit être quelqu'une de vos curiosités, qui sont toutes pour moi de grand agrément. »

Le curé se leva, et alla trouver Cornélia, qui venait de parer son fils, en lui mettant ses plus riches bijoux, la croix et l'*agnus*, ainsi que trois autres pièces de joaillerie d'un grand prix, toutes données par le duc. Ayant pris l'enfant entre ses bras, le curé revint où le duc l'attendait ; et lui disant de se lever pour s'approcher du jour que donnait une fenêtre,

quitó al niño de sus brazos y le puso en los del duque, el cual, cuando miró y reconoció las joyas y vio que eran las mismas que él había dado a Cornélia, quedó atónito; y, mirando ahincadamente al niño, le pareció que miraba su mismo retrato, y lleno de admiración preguntó al cura cúya era aquella criatura, que en su adorno y aderezo parecía hijo de algún príncipe.

—No sé —respondió el cura—; sólo sé que habrá no sé cuántas noches que aquí me le trujo un caballero de Bolonia, y me encargó mirase por él y le criase, que era hijo de un valeroso padre y de una principal y hermosísima madre. También vino con el caballero una mujer para dar leche al niño, a quien he yo preguntado si sabe algo de los padres desta criatura, y responde que no sabe palabra; y en verdad que si la madre es tan hermosa como el ama, que debe de ser la más hermosa mujer de Italia.

—¿No la veríamos? —preguntó el duque.

—Sí, por cierto —respondió el cura—; veníos, señor, conmigo, que si os suspende el adorno y la belleza desa criatura, como creo que os ha suspendido, el mismo efeto entiendo que ha de hacer la vista de su ama.

Quísole tomar la criatura el cura al duque, pero él no la quiso dejar, antes la apretó en sus brazos y le dio muchos besos. Adelantóse el cura un poco, y dijo a Cornélia que saliese sin turbación alguna a recibir al duque.

il lui mit l'enfant dans les bras. Quand le duc eut aperçu et reconnu les bijoux, quand il eut vu que c'étaient ceux-là mêmes qu'il avait donnés à Cornélia, il resta hors de lui ; puis, regardant l'enfant de tous ses yeux, il lui sembla qu'il regardait son propre portrait. Dans sa surprise extrême, il demanda au curé quel était ce jeune enfant, qui semblait, à sa parure, être le fils de quelque prince.

« Je ne sais, répondit le curé ; tout ce que je puis dire, c'est qu'il y a je ne sais combien de jours qu'un gentilhomme de Bologne me l'apporta ici, en me chargeant d'en avoir soin et de l'élever ; il est, me dit-il, fils d'un père de haut rang et d'une mère aussi noble que belle. Le gentilhomme amena aussi une femme pour donner le sein à l'enfant. Quand je lui ai demandé si elle savait quelque chose concernant les parents du nourrisson, elle a répondu qu'elle n'avait rien ouï-dire. Mais, en vérité, si la mère est aussi belle que la nourrice, ce doit être la plus admirable beauté de l'Italie.

— Ne pourrons-nous la voir ? demanda le duc.

— Si vraiment, répondit le curé. Venez avec moi, seigneur, et si la parure et la beauté de cet enfant vous étonnent, comme je m'en aperçois, je suppose que la vue de sa nourrice vous causera le même effet. »

Le curé voulait reprendre l'enfant au duc, mais celui-ci ne voulut pas s'en dessaisir ; au contraire, il le serra dans ses bras, et lui donna mille baisers. Le curé prit les devants, et dit à Cornélia de venir, sans aucun trouble, recevoir le duc.

Hízolo así Cornélia, y con el sobresalto le salieron tales colores al rostro, que sobre el modo mortal la hermosearon. Pasmóse el duque cuando la vio, y ella, arrojándose a sus pies, se los quiso besar. El duque, sin hablar palabra, dio el niño al cura, y, volviendo las espaldas, se salió con gran priesa del aposento. Lo cual visto por Cornélia, volviéndose al cura, dijo:

–¡Ay señor mío! ¿Si se ha espantado el duque de verme? ¿Si me tiene aborrecida? ¿Si le he parecido fea? ¿Si se le han olvidado las obligaciones que me tiene? ¿No me hablará siquiera una palabra? ¿Tanto le cansaba ya su hijo que así le arrojó de sus brazos?

A todo lo cual no respondía palabra el cura, admirado de la huida del duque, que así le pareció, que fuese huida antes que otra cosa; y no fue sino que salió a llamar a Fabio y decirle:

–Corre, Fabio amigo, y a toda diligencia vuelve a Bolonia y di que al momento Lorenzo Bentibolli y los dos caballeros españoles, don Juan de Gamboa y don Antonio de Isunza, sin poner escusa alguna, vengan luego a esta aldea. Mira, amigo, que vueles y no te vengas sin ellos, que me importa la vida el verlos.

No fue perezoso Fabio, que luego puso en efeto el mandamiento de su señor.

El duque volvió luego a donde Cornélia estaba derramando hermosas lágrimas. Cogióla el duque en

Elle obéit, mais l'émotion lui fit monter au visage de si fraîches couleurs, qu'elles lui donnèrent une beauté plus qu'humaine. Le duc, en la voyant, resta comme frappé de la foudre, tandis que, se jetant à ses genoux, elle voulait lui baiser les pieds. Sans dire un seul mot, le duc tendit l'enfant au curé, et, tournant les talons, il sortit de la chambre en grande hâte. À cette vue, Cornélia, s'adressant au curé :

« Hélas ! mon bon seigneur, s'écria-t-elle, est-ce que le duc s'est effrayé de me voir ? Est-ce qu'il me hait à présent ? Est-ce que je lui semble laide ? A-t-il donc oublié les obligations qu'il a prises envers moi ? Ne me dira-t-il pas seulement un mot ? Son fils le fatiguait-il déjà tellement qu'il dût ainsi le rejeter de ses bras ? »

À tout cela, le bon curé ne répondait mot, tout surpris de la fuite du duc, car sa sortie paraissait plutôt une fuite qu'autre chose. Cependant le duc n'avait fait que sortir pour appeler Fabio.

« Cours, ami Fabio, lui dit-il, retourne à Bologne en toute diligence, et dis à Lorenzo Bentibolli qu'à l'instant même, et sans nulle excuse, il se rende à ce village avec les deux gentilshommes espagnols Don Juan de Gamboa et Don Antonio de Isunza. Reviens, ami, sur-le-champ, mais ne reviens pas sans eux, car à les voir il y va de ma vie. »

Sans plus tarder, Fabio exécuta l'ordre de son seigneur.

Le duc aussitôt retourna dans la chambre où Cornélia versait de ses beaux yeux d'abondantes larmes. Il la prit dans

sus brazos, y, añadiendo lágrimas a lágrimas, mil veces le bebió el aliento de la boca, teniéndoles el contento atadas las lenguas. Y así, en silencio honesto y amoroso, se gozaban los dos felices amantes y esposos verdaderos.

El ama del niño y la Cribela, por lo menos como ella decía, que por entre las puertas de otro aposento habían estado mirando lo que entre el duque y Cornélia pasaba, de gozo se daban de calabazadas por las paredes, que no parecía sino que habían perdido el juicio. El cura daba mil besos al niño, que tenía en sus brazos, y, con la mano derecha, que desocupó, no se hartaba de echar bendiciones a los dos abrazados señores. El ama del cura, que no se había hallado presente al grave caso por estar ocupada aderezando la comida, cuando la tuvo en su punto, entró a llamarlos que se sentasen a la mesa. Esto apartó los estrechos abrazos, y el duque desembarazó al cura del niño y le tomó en sus brazos, y en ellos le tuvo todo el tiempo que duró la limpia y bien sazonada, más que sumptuosa comida; y, en tanto que comían, dio cuenta Cornélia de todo lo que le había sucedido hasta venir a aquella casa por consejo de la ama de los dos caballeros españoles, que la habían servido, amparado y guardado con el más honesto y puntual decoro que pudiera imaginarse. El duque le contó asimismo a ella todo lo que por él había pasado hasta aquel punto. Halláronse presentes las dos amas, y hallaron en el duque grandes ofrecimientos y promesas. En todos se renovó el gusto con el felice fin del suceso,

ses bras, et mêlant des pleurs à ses pleurs, il aspira mille fois la douce haleine de sa bouche. La joie leur paralysait la langue, et c'est dans un chaste et amoureux silence que les deux tendres amants, que les deux vrais époux jouissaient de leur mutuel bonheur.

La nourrice de l'enfant et la Cribella, comme s'était appelée la gouvernante, qui avaient entrevu par la porte de la chambre tout ce qui se passait entre le duc et Cornélia, se frappaient de joie la tête contre les murs, au point qu'elles paraissaient avoir perdu la raison. Le curé couvrait de baisers l'enfant qu'il tenait dans ses bras, et de la main droite, qu'il avait dégagée, il ne cessait de jeter les bénédictions sur les deux époux embrassés. La gouvernante du curé, qui ne s'était pas trouvée présente à l'événement, parce qu'elle était occupée à préparer le repas, entra, dès que le dîner fut prêt, pour prier les convives de se mettre à table. Son arrivée mit fin aux étroits embrassements. Le duc débarrassa le curé de l'enfant, le prit dans ses bras, et l'y tint tout le temps que dura le repas, moins somptueux que propre et bien accommodé. Pendant qu'on mangeait, Cornélia raconta tout ce qui lui était arrivé jusqu'à ce qu'elle se fût réfugiée dans cette maison, sur le conseil de la gouvernante de ces deux gentilshommes espagnols qui l'avaient servie, gardée et défendue avec tous les soins et le respect imaginables. Le duc lui raconta de son côté tout ce qu'il avait fait jusqu'à ce moment. Les deux gouvernantes se trouvèrent présentes à l'entretien, et reçurent du duc les plus favorables promesses. Enfin la joie fut générale à cet heureux dénouement,

y sólo esperaban a colmarle y a ponerle en el estado mejor que acertara a desearse con la venida de Lorenzo, de don Juan y don Antonio, los cuales de allí a tres días vinieron desalados y deseosos por saber si alguna nueva sabía el duque de Cornélia; que Fabio, que los fue a llamar, no les pudo decir ninguna cosa de su hallazgo, pues no la sabía.

Saliólos a recebir el duque una sala antes de donde estaba Cornélia, y esto sin muestras de contento alguno, de que los recién venidos se entristecieron. Hízolos sentar el duque, y él se sentó con ellos, y, encaminando su plática a Lorenzo, le dijo:

—Bien sabéis, señor Lorenzo Bentibolli, que yo jamás engañé a vuestra hermana, de lo que es buen testigo el cielo y mi conciencia. Sabéis asimismo la diligencia con que la he buscado y el deseo que he tenido de hallarla para casarme con ella, como se lo tengo prometido. Ella no parece y mi palabra no ha de ser eterna. Yo soy mozo, y no tan experto en las cosas del mundo, que no me deje llevar de las que me ofrece el deleite a cada paso. La misma afición que me hizo prometer ser esposo de Cornélia me llevó también a dar antes que a ella palabra de matrimonio a una labradora desta aldea, a quien pensaba dejar burlada por acudir al valor de Cornélia, aunque no acudiera a lo que la conciencia me pedía, que no fuera pequeña muestra de amor. Pero, pues nadie se casa con mujer que no parece, ni es cosa puesta en razón que nadie busque la mujer

et l'on n'attendait plus, pour combler tous les désirs, que l'arrivée de Lorenzo avec Don Antonio et Don Juan. Ceux-ci vinrent au bout de trois jours, empressés de savoir si le duc avait appris quelque nouvelle de Cornélia, car Fabio, qui avait été les chercher, ne put pas leur dire, n'en sachant rien, qu'elle était retrouvée.

Le duc alla les recevoir dans une salle qui précédait celle où était Cornélia, et cela, sans aucun signe de joie, ce qui attrista les nouveaux venus. Le duc les fit asseoir, s'assit lui-même au milieu d'eux, et adressant la parole à Lorenzo, il lui parla de la sorte :

« Vous savez bien, seigneur Lorenzo Bentibolli, que je n'ai jamais abusé votre sœur. Le Ciel et ma conscience m'en sont témoins. Vous savez aussi avec quel empressement je l'ai cherchée, et le désir que j'avais de la trouver pour lui donner ma main, comme je lui en avais fait la promesse. Elle ne paraît plus, et ma parole ne peut être éternellement engagée. Je suis jeune, et pas assez revenu des choses de ce monde pour que je me prive des plaisirs qui me sont offerts à chaque pas. La même passion qui me fit promettre à Cornélia d'être son époux me fit aussi donner, avant cela, parole de mariage à une paysanne de ce village-ci. Je pensais la séduire, l'abandonner, puis me rendre aux charmes de Cornélia, bien que ce ne fût pas me rendre aux cris de la conscience, et certes ce n'était pas un faible témoignage d'amour. Mais enfin, puisque personne ne peut se marier avec une femme qui a disparu, et puisqu'il n'est raisonnable à personne de chercher la femme

que le deja, por no hallar la prenda que le aborrece, digo que veáis, señor Lorenzo, qué satisfación puedo daros del agravio que no os hice, pues jamás tuve intención de hacérosle, y luego quiero que me deis licencia para cumplir mi primera palabra y desposarme con la labradora, que ya está dentro desta casa.

En tanto que el duque esto decía, el rostro de Lorenzo se iba mudando de mil colores, y no acertaba a estar sentado de una manera en la silla: señales claras que la cólera le iba tomando posesión de todos sus sentidos. Lo mismo pasaba por don Juan y por don Antonio, que luego propusieron de no dejar salir al duque con su intención aunque le quitasen la vida. Leyendo, pues, el duque en sus rostros sus intenciones, dijo:

—Sosegaos, señor Lorenzo, que, antes que me respondáis palabra, quiero que la hermosura que veréis en la que quiero recebir por mi esposa os obligue a darme la licencia que os pido; porque es tal y tan estremada, que de mayores yerros será disculpa.

Esto dicho, se levantó y entró donde Cornélia estaba riquísimamente adornada, con todas la joyas que el niño tenía y muchas más. Cuando el duque volvió las espaldas, se levantó don Juan, y, puestas ambas manos en los dos brazos de la silla donde estaba sentado Lorenzo, al oído le dijo:

—Por Santiago de Galicia, señor Lorenzo, y por la fe de cristiano y de caballero que tengo, que así deje yo

qui le fuit, crainte de trouver la haine pour l'amour, voyez, seigneur Lorenzo, quelle satisfaction je puis vous donner pour l'affront que je ne vous ai pas fait, puisque jamais je n'eus l'intention de le faire. Ensuite, je veux que vous me donniez pleine autorisation de tenir ma première parole, et d'épouser la paysanne, qui est déjà dans cette maison. »

Tandis que le duc parlait ainsi, Lorenzo changeait à chaque instant de visage, et il ne pouvait se tenir assis sur son siège, preuves évidentes que la colère s'emparait de tous ses sens. La même chose arrivait à Don Juan et à Don Antonio, qui résolurent aussitôt de ne pas laisser le duc exécuter son projet, dussent-ils lui ôter la vie. Lisant donc leurs sentiments sur leurs visages, le duc ajouta :

« Calmez-vous, seigneur Lorenzo ; avant que vous me répondiez une seule parole, je veux que les attraits dont vous allez voir qu'est pourvue celle que je veux prendre pour épouse vous obligent à me donner la permission que je vous demande. Sa beauté est telle, qu'elle peut excuser de plus grandes erreurs. »

Cela dit, il se leva, et entra dans la chambre où se tenait Cornélia, richement parée de tous les bijoux qu'avait l'enfant et d'autres encore. Quand le duc tourna le dos, Don Juan se leva, et, posant les deux mains sur les deux bras du fauteuil où Lorenzo était assis, il lui dit à l'oreille :

« Par saint Jacques de Galice, seigneur Lorenzo, par ma foi de chrétien et de gentilhomme, je laisserai

salir con su intención al duque como volverme moro. ¡Aquí, aquí y en mis manos ha de dejar la vida, o ha de cumplir la palabra que a la señora Cornélia, vuestra hermana, tiene dada, o a lo menos nos ha de dar tiempo de buscarla, y hasta que de cierto se sepa que es muerta, él no ha de casarse!

—Yo estoy dese parecer mismo —respondió Lorenzo.

—Pues del mismo estará mi camarada don Antonio —replicó don Juan.

En esto, entró por la sala adelante Cornélia, en medio del cura y del duque, que la traía de la mano, detrás de los cuales venían Sulpicia, la doncella de Cornélia, que el duque había enviado por ella a Ferrara, y las dos amas, del niño y la de los caballeros.

Cuando Lorenzo vio a su hermana, y la acabó de rafigurar y conocer, que al principio la imposibilidad, a su parecer, de tal suceso no le dejaba enterar en la verdad, tropezando en sus mismos pies, fue a arrojarse a los del duque, que le levantó y le puso en los brazos de su hermana; quiero decir que su hermana le abrazó con las muestras de alegría posibles. Don Juan y don Antonio dijeron al duque que había sido la más discreta y más sabrosa burla del mundo. El duque tomó al niño, que Sulpicia traía, y dándosele a Lorenzo le dijo:

le duc se passer sa fantaisie comme je me ferai Turc. Ici, ici, et sous mes mains, il perdra la vie, ou il tiendra la parole qu'il a donnée à votre sœur Cornélia. Du moins, il nous donnera le temps de la chercher, et, jusqu'à ce qu'on sache positivement qu'elle est morte, il ne se mariera point.

—Je suis du même avis, répondit Lorenzo.

— Eh bien ! ce sera encore celui de mon camarade Don Antonio, » répliqua Don Juan.

En ce moment, Cornélia parut à la porte de la salle, entre le duc et le curé, qui la tenaient chacun par la main. Derrière eux venaient Sulpicia, la camériste de Cornélia, que le duc avait envoyé chercher à Ferrare, la nourrice de l'enfant et la gouvernante des étudiants espagnols.

Quand Lorenzo vit sa sœur, quand il eut achevé de bien l'envisager et de la reconnaître (car d'abord l'impossibilité qu'il trouvait à un tel événement ne le laissait pas apercevoir la vérité), il alla, s'embarrassant dans ses propres jambes, tomber aux pieds du duc, qui le releva et le mit dans les bras de sa sœur. Cornélia le serra sur son cœur avec toutes les démonstrations possibles de joie et de tendresse. Don Juan et Don Antonio dirent au duc que ç'avait été la plus discrète et la plus exquise plaisanterie du monde. Le duc prit l'enfant, que portait Sulpicia, et le donnant à Lorenzo :

—Recebid, señor hermano, a vuestro sobrino y mi hijo, y ved si queréis darme licencia que me case con esta labradora, que es la primera a quien he dado palabra de casamiento.

Sería nunca acabar contar lo que respondió Lorenzo, lo que preguntó don Juan, lo que sintió don Antonio, el regocijo del cura, la alegría del Sulpicia, el contento de la consejera, el júbilo del ama, la admiración de Fabio y, finalmente, el general contento de todos.

Luego el cura los desposó, siendo su padrino don Juan de Gamboa; y entre todos se dio traza que aquellos desposorios estuviesen secretos, hasta ver en qué paraba la enfermedad que tenía muy al cabo a la duquesa su madre, y que en tanto la señora Cornélia se volviese a Bolonia con su hermano.

Todo se hizo así; la duquesa murió, Cornélia entró en Ferrara, alegrando al mundo con su vista, los lutos se volvieron en galas, las amas quedaron ricas, Sulpicia por mujer de Fabio, don Antonio y don Juan contentísimos de haber servido en algo al duque, el cual les ofreció dos primas suyas por mujeres con riquísima dote. Ellos dijeron que los caballeros de la nación vizcaína por la mayor parte se casaban en su patria; y que no por menosprecio, pues no era posible, sino por cumplir su loable costumbre y la voluntad de sus padres, que ya los debían de tener casados, no aceptaban tan ilustre ofrecimiento.

« Recevez, seigneur mon frère, lui dit-il, votre neveu, mon fils, et voyez s'il vous plaît de me donner permission pour que j'épouse cette paysanne, la première à qui j'aie donné promesse de mariage. »

Ce serait à n'en jamais finir, s'il fallait raconter ce que répondit Lorenzo, ce que demanda Don Juan, ce qu'éprouva Don Antonio, l'allégresse du curé, la joie de Sulpicia, le contentement de la conseillère, les réjouissances de la nourrice, l'étonnement de Fabio, et finalement la commune satisfaction de tout le monde.

Bientôt le curé maria les deux amants, qui prirent pour parrain de noce Don Juan de Gamboa. Ils convinrent entre eux que ce mariage resterait secret jusqu'à ce qu'on sût comment finirait la maladie qui menait au tombeau la duchesse douairière, et qu'en attendant, Cornélia retournerait avec son frère à Bologne.

Tout se fit ainsi. La duchesse mourut ; Cornélia entra à Ferrare, réjouissant le monde par sa vue ; les habits de deuil se changèrent en habits de fête ; les gouvernantes furent enrichies ; Sulpicia épousa Fabio. Pour Don Antonio et Don Juan, ils étaient charmés d'avoir rendu service au duc, qui leur offrit deux de ses cousines pour femmes, avec des dots considérables. Ils répondirent que les gentilshommes de la nation biscaïenne se mariaient pour la plupart dans leur patrie, et qu'ainsi, non par dédain, ce qui n'était point possible, mais pour suivre cette louable coutume et la volonté de leurs parents, qui devaient sans doute les avoir déjà fiancés, ils n'acceptaient point une offre si brillante.

El duque admitió su disculpa, y, por modos honestos y honrosos, y buscando ocasiones lícitas, les envió muchos presentes a Bolonia, y algunos tan ricos y enviados a tan buena sazón y coyuntura, que, aunque pudieran no admitirse, por no parecer que recebían paga, el tiempo en que llegaban lo facilitaba todo: especialmente los que les envió al tiempo de su partida para España, y los que les dio cuando fueron a Ferrara a despedirse dél; ya hallaron a Cornélia con otras dos criaturas hembras, y al duque más enamorado que nunca. La duquesa dio la cruz de diamantes a don Juan y el agnus a don Antonio, que, sin ser poderosos a hacer otra cosa, las recibieron.

Llegaron a España y a su tierra, adonde se casaron con ricas, principales y hermosas mujeres, y siempre tuvieron correspondencia con el duque y la duquesa y con el señor Lorenzo Bentibolli, con grandísimo gusto de todos.

Le duc admit cette excuse ; mais, par des moyens mutuellement honorables, et cherchant des occasions permises, il leur adressa plusieurs présents à Bologne, si riches quelques-uns et envoyés si bien à propos, que, bien qu'on eût pu les refuser pour ne point paraître recevoir un salaire, les époques où ils arrivaient rendaient leur acceptation facile : principalement ceux qu'il leur envoya au moment de leur départ pour l'Espagne, et ceux qu'il leur donna quand ils vinrent à Ferrare prendre congé de lui. Ils trouvèrent Cornélia mère de deux petites filles, et le duc plus amoureux que jamais. La duchesse donna la croix de diamant à Don Juan, et l'*agnus* à Don Antonio, qui furent, sans pouvoir s'en défendre, contraints cette fois de les accepter.

Ils revinrent tous deux en Espagne, et dans leur pays, où ils épousèrent de riches, nobles et belles dames, et ils continuèrent toujours à entretenir correspondance avec le duc et la duchesse, ainsi qu'avec le seigneur Lorenzo Bentibolli, au grand plaisir des uns et des autres.

Fin

Fm

DANS LA MÊME ÉDITION BILINGUE + AUDIO INTÉGRÉ :

- RINCONÈTE ET CORTADILLO (Cervantès)   *espagnol-français*
- LE PORTRAIT DE DORIAN GRAY (Oscar Wilde)   *anglais-français*
- LE FANTÔME DE CANTERVILLE (Oscar Wilde)   *anglais-français*
- SALOMÉ (Oscar Wilde)   *anglais-français*
- L'ÎLE AU TRÉSOR (R. L. Stevenson)   *anglais-français*
- L'ÉTRANGE CAS DE DR JEKYLL ET M. HYDE (Stevenson)   *anglais-français*
- AGNES GREY (Anne Brontë)   *anglais-français*
- WUTHERING HEIGHTS (Emily Brontë)   *anglais-français*
- LE NOMMÉ JEUDI (G. K. Chesterton)   *anglais-français*
- LE TOUR D'ÉCROU (Henry James)   *anglais-français*
- LES PAPIERS D'ASPERN (Henry James)   *anglais-français*
- JOHN BARLEYCORN (Jack London)   *anglais-français*
- LES VAGABONDS DU RAIL (Jack London)   *anglais-français*
- LE LIVRE DE LA JUNGLE (Rudyard Kipling)   *anglais-français*
- LA MACHINE À EXPLORER LE TEMPS (H. G. Wells))   *anglais-français*

- LE VAMPIRE (John Polidori, Lord Byron) *anglais-français*
- WALDEN, OU LA VIE DANS LES BOIS (Thoreau) *anglais-français*
- LA DÉSOBÉISSANCE CIVILE (Thoreau) *anglais-français*
- MA VIE, MON ŒUVRE (Henry Ford) *anglais-français*
- MA VIE D'ESCLAVE AMÉRICAIN (Frederick Douglass) *anglais-français*
- ROMÉO ET JULIETTE (William Shakespeare) *anglais-français*
- HAMLET (William Shakespeare) *anglais-français*
- OTHELLO (William Shakespeare) *anglais-français*
- LA FILLE DE RAPPACCINI (Nathaniel Hawthorne) *anglais-français*
- LE LIVRE DES MERVEILLES (Nathaniel Hawthorne) *anglais-français*
- RASSELAS, PRINCE D'ABYSSINIE (Samuel Johnson) *anglais-français*
- CONTES CHOISIS (Frères Grimm) *allemand-français*
- LE JOUEUR D'ÉCHECS (Stefan Zweig) *allemand-français*
- LE BOUQUINISTE MENDEL (Stefan Zweig) *allemand-français*
- LES CAHIERS DE MALTE LAURIDS BRIGGE (R.M. Rilke) *allemand-français*
- LES SOUFFRANCES DU JEUNE WERTHER (J.W. Goethe) *allemand-français*
- ALICE AU PAYS DES MERVEILLES (Lewis Carroll) *espéranto-français*
- LES AVENTURES DE PINOCCHIO (Carlo Collodi) *italien-français*
- LE PRINCE (Nicolas Machiavel) *italien-français*
- MAX HAVELAAR (Multatuli) *néerlandais-français*
- LE PETIT JOHANNES (Frederik van Eeden) *néerlandais-français*
- MÉMOIRES POSTHUMES DE BRÁS CUBAS (M. de Assis) *portugais-français*
- CONTES (H.C. Andersen) *danois-français*
- BARTEK VAINQUEUR (Henryk Sienkiewicz) *polonais-français*
- LA DAME DE PIQUE (Alexandre Pouchkine) *russe-français*
- LA FILLE DU CAPITAINE (Alexandre Pouchkine) *russe-français*
- LE PORTRAIT (Nicolas Gogol) *russe-français*
- TARASS BOULBA (Nicolas Gogol) *russe-français*
- NIETOTCHKA NEZVANOVA (Fiodor Dostoïevski) *russe-français*
- ROUDINE (Ivan Tourgueniev) *russe-français*
- NOUS AUTRES (Ievgueni Zamiatine) *russe-français*
- LA MÈRE (Maxime Gorki) *russe-français*
- UNE MAISON DE POUPÉE (Henrik Ibsen) *norvégien-français*
- LA SAGA DE NJAL (Anonyme) *islandais-français*

*Impression CreateSpace
à Charleston SC, en septembre 2018.*

Imprimé aux États-Unis.

Couverture :
Hippolyte-Jean Flandrin,
« Jeune Fille, dite La Florentine » (1864)
Musée des Beaux-Arts, Nantes (France).

Découvrez l'ensemble de nos ouvrages
sur notre site :

www.laccolade-editions.com

www.ingramcontent.com/pod-product-compliance
Lightning Source LLC
LaVergne TN
LVHW011206080426
835508LV00007B/631